# Inspirationen aus dem Parelli-Land

Meiner Tochter Larissa gewidmet

Nicola Steiner

# Inspirationen aus dem Parelli-Land

**Der erste 12-Oaks-Sammelband:**

**Meine Artikel zum Natural Horsemanship für Pferdeportale & der Florida-Blog vom Level-4-beyond-Kurs bei Pat Parelli**

*Bibliografische Information der Deutschen Nationalbibliothek:*
*Die Deutsche Nationalbibliothek verzeichnet diese Publikation in der Deutschen Nationalbibliografie; detaillierte bibliografische Daten sind im Internet über http://dnb.dnb.de abrufbar.*

© 2017 Nicola Steiner

*Fotos: Nicola & Larissa Steiner*
*Fotos auf S. 21, 25, 27, 29, 38: Katharina Erfling*
*Herstellung und Verlag: BoD – Books on Demand, Norderstedt*

ISBN: 978-3-7431-7966-0

# Inhaltsverzeichnis　　　　　　　　　　　　　　　　　Seite

## Zum Geleit: Die Geburtsstunde des 12-Oaks-Sammelbandes　　7

## TEIL 1 - Meine Artikel für Pferdeportale

- Natural Horsemanship – was ist das eigentlich?　　8
- Passende Strategien für unterschiedliche Pferdepersönlichkeits-
  typen und Gedanken zur Phase 4　　16
- Umgekehrte Psychologie für Pferde　　23
- Jungpferde einreiten: Infoabend mit Parelli-Instruktor David Zünd　29
- Gymnastizierung von Pferden im Natural Horsemanship　　34
- Erfahrungsbericht: Pat Parellis Yoga for horses　　40

## TEIL 2
## Der Florida-Blog: Level-4-beyond-Kurs bei Pat Parelli persönlich

- Wie alles begann: Wie es für Larissa war, ausgewählt zu werden　　46
- Kurs-Impressionen　　53
- 12-Oaks-Adventure Tours in die Südstaaten　　56
- Die anderen Teilnehmer – Begegnungen aus aller Welt　　62
- Fotos aus dem Parelli-Land　　71

## TEIL 3: Gedanken zum Urheberrecht und zur Ausrüstung　　79
(zwei weitere meiner Artikel für das Pferdekursportal 4my.horse)

## Literaturverzeichnis　　91

## Buchempfehlungen　　92

## ZUM GELEIT:

## Die Geburtsstunde der 12-Oaks-Sammelbänder „Best-of-Blog"

Die hier abgedruckten Artikel der Autorin für die Pferdeportale 4my.horse, hufgefluester.eu und artgerecht-pferd.de sollten ursprünglich in ihr Lehrbuch *„Westernreiten meets Natural Horsemanship"* integriert werden.

Da dieses aufwändige Lehrbuch aufgrund der Anleitungsfotoserien (*sowie die Links zu über einem Dutzend Lehrvideos*) über 200 Seiten hat, erwies es sich als sinnvoller, diese Artikel auf zwei kleine handliche und kostengünstige Sammelbänder aufzuteilen. Dieses hier betrifft das Natural Horsemanship, bei dem nun auch der Florida-Blog der Autorin integriert ist, denn ihre Tochter wurde von über Tausend Bewerbern für einen kostenlosen Platz in einem so genannten Level-4-beyond-Kurs bei Pat Parelli persönlich ausgesucht. Mutter und Tochter haben nicht nur viel gelernt (wovon das Lehrbuch u.a. handelt), sondern auch einiges erlebt bei den 12-Oaks-Adventure-Tours durch den Sunshine-State im Regen.

Im zweiten Sammelband werden dann die Artikel veröffentlicht, in denen es nicht ums Natural Horsemanship geht. Außerdem gibt es dort einen Best-of-Turnierblog mit Witzigem & Spritzigem, z.B. wie Jungpferd Queenie bei ihrem ersten Kurs eine Reitanlage mehr oder weniger in Schutt und Asche legt. Dieser zweite Band hat den Titel „Westernreiten zwischen Witz und Wissenschaft". Auf S. 92 finden Sie auch die bereits veröffentlichten Bücher der Autorin. Nicht nur Pferdebücher, sondern auch eine sozialkritische Satire, die sich liest wie ein Krimi. Geplant sind Sammelbände zu den 12-Oaks-Blog-Themenmonaten.

Die Autorin bittet um Verständnis dafür, dass das Format der einzelnen Artikel und Blogbeiträge weitgehend beibehalten wurde, so dass das Format des vorliegenden Buches nicht zu 100 Prozent einheitlich ist. In den Fußnoten finden Sie gelegentlich Videos der Autorin zum Thema.

# Natural Horsemanship – was ist das eigentlich?

*Die Autorin mit Pat Parellis Sohn Caton und Ausnahme-Pferd „Magic"*

Es ist in aller Munde: Das Natural Horsemanship (NHS). Es ist so sehr in aller Munde, dass man manchmal den Eindruck gewinnt, dass es alles und nichts ist. Manche Befürworter sehen darin schlicht **eine positive Einstellung zum Pferd**, die vom ruhigen und gewaltfreien Umgang geprägt ist. Böse Zungen nennen es ein sinnloses Wedeln mit einem orangefarbenen Stöckchen. Obwohl es für die Einen ein Weg zu sein scheint, eine innigere Beziehung zum eigenen Pferd aufzubauen, gibt es Andere, die sagen, dass die Pferde hier mechanisch und lustlos Übungen absolvieren und froh sind, wenn sie es endlich hinter sich haben. Da (abgesehen von Tierkommunikatoren) noch niemand ein Pferd dazu befragen konnte, bewegen wir uns im Bereich der Spekulationen.

## Bestandteile des großen Ganzen

Weniger umstritten ist die Tatsache, dass der Begriff Natural Horsemanship **vom US-Amerikaner Pat Parelli geprägt** wurde, der ein gleichnamiges Buch geschrieben hat, das vor 20 Jahren auch in deutscher Sprache erschienen ist. In diesem Buch spricht Parelli noch vom lateralen Longieren, stellt bestimmte Techniken vor, macht aber hier schon deutlich, dass Einstellung und Techniken nur ein paar Bestandteile des großen Ganzen sind. Parelli hat das Rad nicht neu erfunden, aber er hat sich die Mühe gemacht, bei den großen Horsemen seiner Zeit zu lernen und er versäumt auf keiner Veranstaltung, den Namen dieser Horsemanship-Legenden zu nennen: Troy Henry, Ray Hunt, die Dorrance-Brüder und Freddy Knie senior – um nur einige wenige zu nennen. Parellis einzigartiger Verdienst ist es, dass er Pferdewissen, dass so alt ist, dass es schon wieder neu ist zu einem bisher einzigartigen erlernbarem System zusammen gefasst hat, das heute unter dem Begriff der sieben Spiele bekannt ist. Es ist aber nicht so sehr ein Programm, bei dem Pferde etwas lernen sollen, sondern besonders in den ersten Levels eine (Pferde-)Menschenschule.

## Mehr Menschenschule als Pferdeausbildung

Im ersten Level lernt der Mensch nur Bodenarbeit, als Fortgeschrittener das Reiten auf allerhöchsten Niveau über Travers und Schulterherein zum fliegenden Galoppwechsel. Da vor dem Respekt immer das Vertrauen steht, beginnt der Neuling im Natural Horsemanship mit dem **Friendly Game**, bei dem es vereinfacht gesagt um rhythmische Bewegungen geht. Manche würden dies desensibilisieren nennen, aber Parelli bevorzugt den Begriff des Vertrauens. Das zweite Spiel heißt **Porcupine Game** (Stachelschwein-Spiel), bei dem der Mensch lernt, stetigen Druck auszuüben. Die andere Möglichkeit aufs Pferd in irgendeiner Form einzuwirken, ist der rhythmische Druck – bei Parelli **Driving Game** genannt. Bis hierhin sind dies die Basisspiele, sozusagen das ABC des Horseman. Wir kennen nun also die Buchstaben der Pferdesprache, die wir später zu Wörtern und einfachen Sätzen kombinieren, wenn wir folgende Zweckspiele erlernen.

Beim **Yoyo-Game** geht es um Übergänge auf geraden Linien, also vorwärts und rückwärts. Das **Circling Game** unterscheidet sich vom Longieren vor allem dadurch, dass der Mensch nicht auf das Pferd einwirkt und dem Pferd damit den Komfort gibt, den Pferde wirklich lieben: Das Neutral, das im Westernreiten auch Null-Wirkung genannt wird. Das **Seitwärtsspiel** beschäftigt sich mit den unzähligen Möglichkeiten ein Pferd seitwärts zu bewegen und beim **Squeeze-Game**, dem Durchquetsch-Spiel geht es um Engpässe. Das können Lücken sein, um das Pferd auf die Enge im Pferdeanhänger vorzubereiten oder auch Sprünge oder Planen.

### Sicherheit erlangen

Beim Stichwort Hindernis sind wir übrigens mitten im Level 2 gelandet, in dem all diese Spiele **mit Hindernissen aller Art** gespielt werden, z.B. auch mit einem Ball oder Podesten. Ab hier spielt der NHS-Schüler mit einem 7-Meter-Seil, so lang wie eine Longe und es kommt ein zweiter Bereich hinzu: das Reiten am langen Zügel, auch Freestyle-Reiten genannt. Hier geht es noch vorrangig um das Thema Sicherheit und bestimmte **Notfallhilfen** bzw. entsprechende Zügelarten. Bis hierhin habe ich beschrieben, was der Mensch in den ersten Monaten lernt, wenn er ins NHS einsteigt: Grundlagen, die noch für Reitanfänger gedacht sind und den fortgeschrittenen Reiter zu Höherem befähigen.

### Kommunikation statt Kontrolle

Und das Höhere beginnt in den Levels 3 und 4. Hier beginnt auch erst die **Freiheitsdressur**, die im Parelli-Programm Liberty genannt wird. Ab Level 3 endlich bin ich auch bereit, dem Pferd etwas beizubringen und Verhaltensmuster der Pferde zu durchbrechen. Wenn ich als Mensch nach einigen Monaten den Level 3 erreicht habe, steige ich nämlich erst in die vielfältige Faszination des Natural Horsemanship ein. Ein System, bei dem **die Beziehung zum Pferd an allererster Stelle** steht und mein Pferd so fein reagiert, dass ich es ganz ohne Kopfstück reiten, lenken, ja sogar aus dem Galopp anhalten kann. Jetzt, wo ich das alles kann, bin ich erst fit genug mit Gebiss oder auch mit konstanten Zügelkontakt zu reiten, denn dann nutze ich die Zügel nicht mehr für die Kontrolle, sondern für die Kommunikation, z.B. wenn ich das Pferd gymnastiziere oder ihm Reining-Manöver oder die klassische Dressur beibringe.

**So leicht wie das Einmaleins**

Parelli hat dieses Programm veröffentlicht und viele seiner Schüler zu so genannten Instruktoren ausgebildet. Viele bleiben jahrelang Instruktor, manche dieser ehemaligen Schüler sind dann irgendwann so gut, dass sie sich selbständig machen wie z.B. Steve Halfpenny in Australien, Honza Blaha in Tschechien oder Birger Gieseke in Deutschland. Andere kopieren dieses Programm, ohne jemals bei Parelli oder seinen Instruktoren gelernt zu haben. Es soll sogar hin und wieder Menschen geben, die das Programm kopiert haben, um es sodann als ihr eigenes zu erklären.

Alles in allem: Die Idee des Natural Horsemanship hat das Reiten in allen Sparten unterwandert, wenn nicht gar revolutioniert. Es gibt viele Klassisch-Reiter im System, die erfolgreich auf Turnieren reiten. Auch Pat Parellis Frau Linda ist Klassisch-Reiterin. Ich selbst bin Westernreiterin und habe schon bei vielen Westerntrainern Unterricht genommen und immer wieder stolpere ich über Inhalte, die ich aus Parellis Buch kenne: Dass man als Reiter auf seinen Weg sieht, dass man das Pferd mit Sitz und Beinen lenkt. Sogar die Parelli-Pattern finde ich im Westernreiten wieder wie z.B. die Acht oder das Kleeblatt wie auch das System der Hilfensteigerung in vier Phasen. Im Westernreiten wird dieses Vorgehen auch Anklingeln, Anklopfen und Tür-Eintreten genannt. Bis hierhin also ein System, das so leicht zu lernen ist wie das Einmaleins und das Alphabet.

## Level 3: Das Pferdetraining beginnt

Wer am Anfang vielleicht noch damit gehadert hat, solch ein starres System zu erlernen, erlebt dann im Level 3 eine Überraschung. Wenn ich nämlich meine sieben Spiele, sozusagen mein Handwerkszeug, gelernt habe, ist es vorbei mit dem immer gleichen Vorgehen. Immer öfter hört man von seinem Instruktor die Antwort: **„Es kommt drauf an."** Und jetzt sehnt man sich zuweilen zurück zu den Zeiten, in denen man einfach sieben Spiele abspulen konnte. Aber das war eben nur die Menschenschule, mittlerweile sind wir mitten im Pferdetraining gelandet und es sind eben nicht alle Pferde gleich.

## "Keep it natural"

Um auch dies für den Menschen erlernbar zu machen, hat Parelli den Begriff der Horsenalities geprägt und unterscheidet hier grob vier Pferdepersönlichkeitstypen, wobei es allerdings auch Mischformen geben kann oder Pferde, die je nach Situation von einem Persönlichkeitstyp zum anderen wechseln. Auch hier möchte ich nicht in die Tiefe gehen, aber ein wunderbares Zitat von Linda Parelli trifft den Nagel auf den Kopf: *„Gib dem Pferd, was es braucht und es gibt Dir, was Du willst."* So braucht ein ängstliches Pferd Führung vom Menschen, um sicher zu sein, dass dieser es vor dem etwaigen Angriff eines Tigers schützen kann. Ein selbstbewusstes Pferd sollte natürlich erst einmal einen gewissen Gehorsam lernen, aber wenn man sich dieses Gehorsams sicher ist, kann man einmal ganz außergewöhnliche, ja gar widersinnig erscheinende Strategien ausprobieren, z.B. jede einzelne Idee des

Pferdes aufgreifen und umsetzen. Das Pferd geht z.B. bei der Bodenarbeit nach rechts, obwohl ich nach links wollte und statt mich auf den Streitversuch des Pferdes einzulassen, sage ich: *„Ach, weißt Du was, eigentlich möchte ich ja auch lieber nach rechts."* Es ist nicht zu glauben, aber ich weiß es aus eigener Erfahrung. Bei Pferdetypen, denen das „Du-bist-nicht-mein-Chef" quasi im Gesicht geschrieben steht, führt diese Strategie oft genug dazu, dass es sie langweilt, wenn sie mit ihren Streitversuchen ins Leere laufen. Und was passiert dann? **Die Idee kommt vom Pferd** und es teilt auf seine Art mit: *„So wie Du spielst, ist doch doof – kannst Du nicht auch einmal etwas vorschlagen?"* Dies ist ein Beispiel für umgekehrte Psychologie.

Andere Pferdetypen erfordern ein anderes Vorgehen, z.B. das so genannte „Zero Brace", bei dem ich als völlig entspannter Passagier mit dem Pferd in der Reitbahn bin und dem Pferd die Lenkung überlasse. Mit spielfreudigen Pferden kann ich am Boden Cutting spielen, denn es gibt für ein Pferd kein schöneres Spiel als das Fangen spielen. Pferde sind Bewegungsfanatiker und haben auch Spaß daran, am Boden fliegende Galoppwechsel oder Spins zu erlernen. Gleiches gilt für die Lektionen aus dem klassischen Reiten. Wer einmal eingetaucht ist in dieses System, hört mit dem Lernen nicht mehr auf. Getreu dem Motto „Keep it natural" wird auch die Haltung der Pferde in Frage gestellt: Gruppenhaltung statt Boxenhaft, Winterfell statt Decken. Wer nun fürchtet, dass das System so starr ist, dass für Individualität kein Platz ist, der irrt. Dieser Befürchtung möchte ich mit zwei Parelli-Zitaten begegnen, die besagen: *„Sag niemals nie, sag nicht immer immer, normalerweise sag normalerweise"* oder auch *„Wenn Du die Regeln kennst, dann kannst du die Regeln auch einmal brechen."*

## Weg von den Extremen

Das System will weg von den Extremen, was schon die verwendete Ausrüstung beweist. Am bekanntesten ist wahrscheinlich der Carrot Stick – auf Deutsch etwas holprig als Karottenstecken zu übersetzten. **Der heißt so, weil es bei Pferdemenschen zwei Extreme gibt**: Die Stockmenschen, die alles mit Prügel lösen und die Karottenmenschen, die alles mit Liebe und Futter regeln wollen – beides ist falsch. Parelli sagt von sich selbst, dass auch er extrem ist: nämlich ein extremer Verfechter des Mittelwegs. Wo wir gerade beim Thema Ausrüstung sind: Achten Sie auf Qualität, denn wer billig kauft, kauft meistens zwei Mal (*siehe Beitrag auf S. 89*). Ihre Bodenarbeitsseile sollten aus Yachtleine gefertigt sein, so dass Sie sich keine Brandblasen holen, falls Ihr Pferd einmal versuchen sollte, sich loszureißen und runde Messingdrehkarabiner haben durch ihr Gewicht den Vorteil, dass Ihr Seil sofort bewegungslos ist, wenn sie aufhören zu schütteln. Wenn man bedenkt, dass **Timing nicht etwas, sondern alles ist** und Druck zwar motiviert, aber das Loslassen lehrt, können sogar Zehntelsekunden von entscheidender Bedeutung sein.

Im Level 2 werden Sie als Anfänger vielleicht mit Knotenhalfter reiten, auch hier gilt, dass man nicht am falschen Ende spart, denn billige Halfter sind nicht weich genug für den empfindlichen Pferdekopf. Immer dann, wenn das Pferd seinen Job macht, soll es ja das Gefühl haben, dass es ganz und gar in Ruhe gelassen wird. Mit einem kratzigen, starren und unangenehmen Halfter wird sich dieses Gefühl schwerlich einstellen. Das Gebissreiten ist übrigens keineswegs verboten im Natural Horsemanship, genauso wenig wie Sporen oder die Teilnahme an Turnieren. Aber auf die verschiedenen Gebisse und Kopfstücke werde ich wohl besser in einem anderen Artikel eingehen, denn eigentlich sollte ich nur einen klitzekleinen Einblick in das System geben. Mein Artikel ist dann doch ziemlich lang geworden und immer noch habe ich das Gefühl nur einen Bruchteil dessen gesagt zu haben, was das Natural Horsemanship eigentlich ausmacht.
Aber wie dem auch sei, wichtig ist mir zu erwähnen: Ich bin stolz eine Parelli-Schülerin zu sein und froh darüber, dass ich auch in

den nächsten Jahren immer wieder etwas Neues lernen kann. Denn bei Parelli bleibt man sein Leben lang ein Lernender, erreicht eigentlich immer nur die nächste Stufe der Inkompetenz ... aber man hat Spaß dabei. Und das Pferd scheint auch Spaß daran zu haben. Meine Kinder und ich haben fünf Pferde und seitdem ich Natural Horsemanship betreibe, muss ich keines mehr einfangen. Die Pferde fangen mich ein oder kommen mir entgegen – meine eigene Paintstute kommt sogar im vollen Galopp, wenn sie mich sieht.

*(Lehr-)Videos zum Natural Horsemanship finden Sie in diesen Playlists:*

*- **NHS for beginners** – **Freiheitsdressur-Tipps & mehr**: https://www.youtube.com/playlist?list=PLR4Cvt5LYbiRu_Ibjk_3vu28bgBjNgHfw*

*- **Natural Horsemanship Inspirationen**:*
*https://www.youtube.com/playlist?list=PLR4Cvt5LYbiST2vlMoZp-DhX-BE8DnCSz4*

*Pat Parellis erfolgreiches Reining-Pferd Slider und die Autorin*

## Passende Strategien für unterschiedliche Pferdepersönlichkeitstypen und Gedanken zur Phase 4

Was ist besser? Eine Methode für alle Pferde oder grundsätzlich individuell auf jedes Pferd eingehen? Keins von beiden!!! Denn ein Pferd ist ein Pferd und es sind nicht alle Pferde gleich. Genug des Verwirrspiels. Die Kunst ist es doch, beides miteinander zu verbinden. Also sollte der erste Blick zunächst dahin zielen, worin alle Pferde gleich sind: Fluchttiere, die in Hierarchien leben, bei denen es keine basisdemokratischen Entscheidungen gibt und es wirklich nicht immer lieb, nett und sanft zugeht. Positive Verstärkung kennt die Leitstute übrigens nicht, auch wenn dies oft genug zumindest geeignet ist, um den Pferden Tricks oder Zirkuslektionen beizubringen. Aber in der Pferdewelt geht es doch anders zu. Das ranghohe Pferd droht und wenn das Andere nicht zur Seite geht, dann gibt es einen (meist moderaten) Klaps. Das ist also etwas, was wirklich jedes Pferd versteht und damit entspricht diese Vorgehensweise doch in der Tat ganz und gar einer artgerechten Pferdeausbildung, weil das Vorgehen natürlich fürs Pferd ist. Dennoch bringt gerade dieser gelegentliche Klaps (analog das Schütteln des Führseils) das **Natural Horsemanship** (NHS) zuweilen in die Kritik. Im NHS ist dieses Vorgehen als Phase 4 bekannt, was impliziert: Vorher gab es noch drei andere (nettere) Phasen, die das Pferd ignoriert hat. Wenn ich als Mensch also nett zum Pferd sein will und mich trotzdem durchsetzen will, kann es schwierig werden, wenn ich zeitgleich den Standpunkt vertrete: „Bei mir gibt es keine Phase 4!" Dann endet die Kommunikation zwischen dem Pferd und mir damit, dass ich Stick oder Seil wedelnd vor dem Pferd stehe und das Pferd steht halt auch und bewegt sich keinen Zentimeter. Daher ist zunächst festzuhalten, dass eine Phase 4 sich dadurch auszeichnet, dass sie effektiv ist, also dazu führt, dass das Pferd zur Seite tritt, wobei der Grundsatz „So viel wie nötig, aber so wenig wie möglich" gilt. Und schon sind wir mitten im Thema gelandet, dass nicht jedes Pferd gleich ist, denn auch wenn die ersten drei Phasen bei jedem Pferd nahezu identisch sind, ist die Phase 4 im höchsten Maße individuell. Was bei dem einen Pferd zu lasch ist, ist beim anderen viel zu hart.

**Mach ein Spiel draus**

Wichtig bei der Phase 4 ist auch, dass man emotionslos dabei ist. Man sollte den Grundsatz „Mach ein Spiel daraus" beherzigen – kommt Wut oder Frust ins Spiel, dann wird Gewalt aus dem Klaps und Gewalt und Strafe gibt es im Natural Horsemanship nicht. Man spiegelt im Grunde nur die Energie, die das Pferd entgegen setzt und gibt vier Unzen hinzu (100 Gramm). Dieses Vorgehen ist vor allem dann angebracht, wenn wir unseren persönlichen Bereich gegen das darin eindringende Pferd verteidigen müssen. Das Beanspruchen des Raums ist ein wichtiger Faktor in der Pferdewelt, um den eigenen Rang in der Herde zu behaupten. Pferde tun dies übrigens, indem sie miteinander spielen. Ebenfalls für alle Pferde gleich ist, dass die Frage des „Wer-bewegt-wen?" (ebenfalls in der Regel im Spiel) geklärt wird. Bis hierhin sind sich also alle Pferde ziemlich ähnlich. Aber in der Pferdeausbildung geht es ja nicht nur darum, den eigenen Raum zu verteidigen, sondern wir wollen ja auch sportliche Leistungen wie z.B. fliegende Galoppwechsel erarbeiten und schwierige Lektionen gelingen umso besser, je motivierter ein Pferd ist. Hier hilft es uns, etwas genauer hinzuschauen, wie das Pferd eigentlich tickt und welchen Persönlichkeitstyp es repräsentiert.

Zunächst ein paar Worte zum Modell. Ich beziehe mich hier auf die urheberrechtlich geschützten Begriffe der Horsenalitys, die von Linda und Pat Parelli anhand eines ähnlich lautenden für Menschen entwickelten psychologischen Modells (Humanalitys) entwickelt und systematisiert wurden. Der Verständlichkeit halber wird unterschieden zwischen der eher rationalen und selbstbewussten linken Gehirnhälfte (Left Brain) und der überwiegend emotionalen und unsicheren rechten Gehirnhälfte (Right Brain), die im grafischen Modell durch eine vertikale Linie getrennt wer-

den. Eine horizontale Linie trennt zwischen bewegungsfreudigen Persönlichkeitstypen (Extroverts) und den sogenannten Introverts, die sich entweder nicht so gerne bewegen wollen oder dies vielleicht auch gar nicht können. Linda Parelli hat dies stark vereinfachend sinngemäß einmal so ausgedrückt:
*„Die Right-Brain Extroverts gehen nach vorn, die Left-Brain Extroverts nach oben. Die Left-Brain Introverts wollen sich nicht bewegen und die Right-Brain Introverts können sich nicht bewegen."* Natürlich gibt es auch Mischformen.

**Was bedeutet das jetzt für die Pferdeausbildung?**

Fangen wir einfach einmal mit den selbstbewussten Pferden an, die ähnlich wie ein pubertierender Teenager erst mal klarstellen wollen, dass der Mensch ganz sicher nicht der Boss ist. Hier kommt man zumindest zu Beginn nicht drum herum, die Rangordnung möglichst eindeutig zu klären, um das Pferd kontrollierbar zu machen. Also erst mal auch dann Kontrolle, wenn das Pferd zunächst eher ungern gehorcht, denn die Sicherheit des Menschen geht vor. Langfristig wollen wir aber, dass das Pferd nicht nur gehorcht, sondern dies auch gerne tut. Linda Parelli sagt hierzu sinngemäß: *„Jeder kann ein Pferd dazu bringen, dass es tut, was wir verlangen. Aber wer schafft es schon, dass ein Pferd genau dies tun WILL?"* Genau dafür sind die Horsenality-Strategien da. Sie helfen, das Pferd zu motivieren.
Den nach Parelli benannten Left Brain Introvert (LBI) kennt jeder aus dem eigenen Reitunterricht. Er wird oft faul genannt und bewegt sich, wenn überhaupt nur in Zeitlupe, während der Reiter sich oben im Sattel schwitzend abrackert. Es gibt bei Parelli Plüschpferde der einzelnen Horsenalitys, die T-Shirts tragen. Beim LBI steht auf dem T-Shirt: *„Und was springt für mich dabei raus?"* Also extrem gut geeignet für Leute, die gerne positiv verstärken oder mit Futter arbeiten (auch hier muss die Sache mit dem Abstand und dem persönlichen Bereich natürlich geklärt sein). Eine Phase 4 beim LBI muss kurz, knackig und effektiv sein,

weil dieser Pferdetyp sonst sagt: „*Der Mensch bewegt sich mehr als ich, also bin ich ranghoch.*" LBIs sind die Punktezähler unter den Pferden. Auch wenn sie sich körperlich kaum bewegen, so sind sie geistig sehr rege und zählen in etwa so: „*Der Mensch hat sich bewegt. Der Punkt geht an mich*". Gut motivieren lässt sich der LBI aber durch Pausen, z.B. kann man zu Beginn des Trainings von Ecke zu Ecke reiten und immer dort eine Pause einbauen – möglicherweise stellt man zunächst eine Tonne dorthin, an der das Pferd ein Stück Möhre findet. Nach und nach reduziert man die Stellen wieder, an denen pausiert wird. Der LBI denkt dann, dass sein Weg ein Ziel hat und das Gehen macht somit mehr Sinn für ihn.

Eine bewährte Strategie ist auch die umgekehrte Psychologie. Einfach mal etwas Unerwartetes tun, z.B. auf die Weide gehen, das Halfter anziehen und sofort wieder ausziehen. Wenn wir beim LBI eine Phase 4 benötigen, ist eine Strategie hilfreich, bei der Druck rhythmisch aufgebaut wird – etwa im Sekundentakt, wobei die Steigerung erfolgt, indem man jeden Klaps symbolisch (und emotionslos) in der Intensität verdoppelt. Dies sollte man sich aber unbedingt von einem gut ausgebildeten Trainer zeigen lassen.

Der andere selbstbewusste Persönlichkeitstyp ist der **Left Brain Extrovert (LBE)**. Auf seinem T-Shirt steht: „*Ich mach das so, wie ich das will.*" Also ein bewegungsfreudiges, aber auch streitsüchtiges Pferd, das regelrecht Spaß an Auseinandersetzungen mit seinem Menschen zu haben scheint. Je mehr der Mensch auf diese Streitversuche eingeht, desto mehr Streitereien zettelt der LBE an. Hier gilt es also das Maß zu finden. Einerseits muss es aus Sicherheitsgründen gelingen, effektiv zu sein und das Pferd bei Bedarf auf Abstand zu halten. Andererseits sollte man die Streitlust dieser Pferde nicht allzu sehr herausfordern. Wenn also die Rangordnung geklärt ist, sollte man die Ideen des LBE aufnehmen und flexibel sein. Geht man mit dem Plan auf den Platz, dass man Zirkel machen will und das Pferd bietet stattdessen wunderbare Seitwärts- oder Rückwärts-Manöver, kann es sich lohnen, darauf einzugehen und erst im zweiten Teil der Einheit auf die Zirkel zurückzukommen. Auf der Rückseite des LBE-T-Shirts steht: *„Spiel mit mir!"* Also seien Sie provokativ und damit interessant für diesen Pferdetyp. Beim Reiten können das rasch aufeinander folgende Übergänge und Richtungswechsel sein. Wenn dieses Pferd nicht weiß, was als Nächstes kommt, wird es spannender. Wenn Sie schon fortgeschritten im Natural Horsemanship sind, können Sie hier auch die Strategien anwenden, die ich im folgenden Beitrag über Umgekehrte Psychologie bei Pferden vorstelle (S. 23).

Eine andere Art des bewegungsfreudigen Pferdes ist der **Right Brain Extrovert** (RBE). Es ist das Fluchttier schlechthin und immer zum Weglaufen bereit. Hier macht es zunächst nicht viel Sinn, das Pferd zum Stillstehen zwingen zu wollen. Es hat Angst und es KANN die Füße einfach nicht still halten. Wo es für den LBI wichtig ist, dass jeder Weg ein Ziel hat und es Pausen gibt, machen wir beim RBE das Gegenteil. Wir lassen es laufen und laufen und laufen, z.B. immer im Kreis. Für einen LBE wäre das endlose Im-Kreis-Laufen todlangweilig, aber der Right Brain Extrovert kann durch das Traben oder Galoppieren im Kreis, seine Emotionen herauslassen. Der RBE ist auf der Suche nach einem Führer, bei dem er sich beschützt fühlt. Wenn Sie hier zu geduldig sind, so dass es aufs Pferd zögerlich wirkt, fühlt es sich auf sich gestellt und traut ihnen nicht zu, dass Sie es vor dem angreifenden Tiger beschützen können. Also wird es versuchen, sich selbst zu beschützen und die Flucht ergreifen, was für Mensch und Tier gefährlich enden kann. Hier ist ihr Leadership mehr gefragt als bei jeder anderen Horsenality. Wenn das Pferd Angst hat, funktioniert es hier sehr gut, wenn sie dem Pferd eine Aufgabe geben, z.B. Seitengänge. Wo Left-Brain-Pferde Abwechslung mögen, verhält es sich bei Right-Brain-Pferden genau andersherum. Sie lieben die Wiederholung. Eine weitere zum RBE passende Strategie wird im Parelli-System „Zero Brace" (Null Spannung) genannt. Hier ist der Reiter einfach nur Passagier und versucht ohne zu lenken, sich einfach den Bewegungen des Pferdes so entspannt wie möglich anzupassen – selbstverständlich nur in einem eingezäunten Bereich.

Bis hierher kann man sagen, dass es Sinn macht, sich als möglichst ranghoch zu präsentieren. Beim **Right Brain Introvert** (RBI) ist jedoch alles anders. Denn diesen Pferden muss der Ausbilder wirklich Zeit geben. Eigentlich sind die RBIs sehr gehorsame Pferde, aber gerade das sollte uns bedenklich stimmen, denn diese Pferde flüchten nach innen. Berichten zufolge fliehen diese Pferde nicht, wenn eine wild lebende Pferdeherde angegriffen wird, sondern bleiben einfach stehen. Diese Flucht nach innen kann sich z.B. auch durch eine Kolik äußern. Es gibt hier auch das Phänomen, dass das Pferd zunächst still steht und dann explodiert und sogar beginnt regelrecht zu kämpfen. Hier ist es also ganz wichtig, die Körpersprache des Pferdes zu lesen. Werden die Augen starr und blinzeln nicht mehr, ist dies ein typisches Zeichen dafür, dass ein Pferd unsicher ist. Sieht man aber einen nach innen gekehrten Blick in Verbindung mit anderen körpersprachlichen Anzeichen, dann könnte es sich um einen RBI handeln. Auch wenn man das Gefühl hat, dass sich das Pferd so gar nicht einordnen lässt, ist es häufig ein RBI. Wo man bei allen drei anderen Pferdepersönlichkeitstypen auf der sicheren Seite ist, wenn man sein Leadership verbessert, verhält es sich hier eher umgekehrt. Übt man auf diese Pferde Druck aus, dann flüchten sie nach innen. Wenn das Pferd sich nicht bewegt, dann in diesem Fall nicht, weil es faul ist, sondern weil es vor Furcht regelrecht erstarrt.

Bei Parelli gibt es ein Formular, bei dem man durch Ankreuzen einen Hinweis darauf erhält, wo das eigene Pferd zuzuordnen ist – oft genug in zwei oder sogar drei Quadranten. Manchmal liegen die Quadranten nebeneinander und manchmal auch gegenüber, was bipolar genannt wird. Wenn ein Pferd zwischen zwei Persönlichkeitstypen wechselt, gilt es blitzschnell die Strategie zu wechseln. Man erkennt das an der Körpersprache. Bei blinzelnden Augen ist davon auszugehen, dass das Pferd „Left Brain" ist. Wird das

Pferd starr (Augen, Ohren, Körper) ist es meist Right Brain. Bei einem Right Brain Introvert ist die Maulpartie oft so verkniffen, dass die Nüstern ungleich hoch liegen. Dies sind nur einige wenige Beispiele aus der Körpersprache der Pferde. Auch beim Lesen der Körpersprache empfiehlt sich versierter Unterricht. Denn das Ohren-nach-hinten-legen, ist nicht immer eine Drohung. Eine Drohung ist es nur, wenn die Ohren flach am Pferdekopf anliegen und die Ohrmuschel dabei geschlossen ist. Ein einfach nur nach hinten gerichtetes Ohr kann eben auch bedeuten, dass das Pferd einfach nur nach hinten hört. Auch beim so genannten Putzgesicht, wenn man das Pferd an seiner Lieblingsstelle krault, sind die Ohren oft nach hinten gerichtet. Es gilt beim Lesen der Körpersprache also immer den Gesamteindruck zu betrachten.

Um zu verdeutlichen, warum es uns so viel weiter bringt, wenn wir die Horsenality unserer Pferde erkennen und verstehen, möchte ich diesen Artikel mit zwei Zitaten abschließen:

*„Mach Deine Idee zur Idee Deines Pferdes, aber verstehe zunächst seine Idee."* (Pat Parelli)
*„Gib dem Pferd, was es braucht und es gibt Dir, was Du willst."* (Linda Parelli)

# Umgekehrte Psychologie bei Pferden

Kennt ihr das? Wenn es einem in den Ohren klingelt: Das Pferd muss gehorchen und man muss Kontrolle über es haben und wehe nicht. Wenn meine Pferde genau das nicht tun, das Gehorchen, flüstert eine innere Stimme mir zu: Durchsetzen um jeden Preis!!! So hat man das schließlich damals in der Reitschule gelernt und das ja auch nicht zu Unrecht. Denn, wer ein Tier hält, der muss es kontrollieren können, damit es keine Gefahr für die Allgemeinheit wird. Soll heißen: Jederzeit anhalten und lenken können beispielsweise. Das ist ja auch beim Hund nicht anders. Der darf ja auch keine Jogger im Wald stellen und denen mal kräftig in die Haxen beißen und kleine Kinder anspringen ist auch verboten. Beim Pferd ist es nicht anders. Gehorsam ist wichtig, denn wenn ein Pferd im Straßenverkehr übereifrige Entscheidungen trifft, dann wird es brenzlig. Auch auf dem Turnier habe ja noch nicht einmal ich Einfluss auf die Pattern, die der Richter aussucht. Die wird absolviert, wie es im Regelbuch steht. So und nicht anders – gar keine Frage.

Aber das sind auch gar nicht die Gelegenheiten, bei denen ich mir zuweilen vor schierer Verzweiflung die Haare raufen könnte im Umgang mit meinen Pferden. Die Haare stehen mir immer dann zu Berge, wenn mein Scheckpony Cisco (Foto S. 25) in der Freiheitsdressur nicht durchgaloppiert und immer wieder in den Trab fällt. Der andere Wallach namens Lucky (Foto S. 32) brach vor einigen Jahren jedes Mal bei der Bodenarbeit in den Schlangenlinien an derselben Stelle aus und galoppierte los, als wäre er vom wilden Affen gebissen. Und meine vierjährige Paintstute Queenie (Foto S. 21), die ist sowieso mit allen Wassern gewaschen. Die zählt sogar: Zwei Runden Galopp macht sie gerne, aber danach keinen einzigen Schritt mehr, wenn es nach ihr geht – einfach zum in die Tischkante beißen. Es wollte vor einigen Monaten einfach nicht funktionieren, aber wir haben natürlich eine Lösung gefunden, die ich persönlich viel pfiffiger finde, als einfach nur durchsetzen.

Horsemanshiplegende Pat Parelli hat ja den so genannten **Karottenstecken** erfunden. Dazu erzählt er dann auch immer gerne eine kleine Geschichte. Die orangene Farbe symbolisiert die Karotte, weil es ja Menschen gibt, die sich mit ihren Pferden nur über Futter und Gutschi-Gutschi verständigen und brutale so genannte Stockmenschen soll es ja auch geben, die ihr Pferd immer verhauen, wenn es nicht gehorcht. Parelli will weg von den Extremen bzw. ist ein extremer Beschreiter des Mittelwegs und Verfechter von umgekehrter Psychologie.

Davon habe ich im Studium auch schon mal was gehört. Sitzt der Bub auf dem Tisch und Muttern sagt: *„Geh sofort darunter"*, bleibt der Bub garantiert oben auf dem Tisch sitzen und lacht sich einen Ast. Aber wehe die Schwester sagt: *„Du bleibst auf jeden Fall da oben."* So schnell kann man gar nicht gucken, wie der Junge vom Tisch gesprungen ist.

Ganz ehrlich: Ich konnte mir früher im Leben nicht vorstellen, dass diese Methode bei Pferden ebenfalls funktioniert und befürchtete, dass das Pferd Oberwasser bekommt, wenn man es gelegentlich mit entscheiden lässt. Aber Probieren geht ja bekanntlich über Studieren.

Erstes Versuchskaninchen Jungpferd Queenie – seines Zeichens ein **Left-Brain Extrovert**. Mit dieser denkwürdigen Bezeichnung werden die aufgedrehten Quasselstrippen unter den Pferden bei Parelli tituliert. Das genau zu erklären, würde zu weit führen, aber es sind sozusagen die Border Collies unter den Pferden. Sie lernen schnell und haben ein Selbstbewusstsein, das durch keine Tür passt. Also ein Pferd, das in der Grundbotschaft ausdrückt: *„Du hast mir gar nichts zu sagen"*, aber gleichzeitig so verspielt ist, dass es ihm immer wieder gelingt, seinen Menschen in fürs Pferd recht lustige Streitereien zu verwickeln. Wie war das damals im Kindergarten? Wenn das Kind, das andere provoziert und merkt, dass es das Gegenüber ärgern kann, dann hört es mit den Zickeleien nicht mehr auf. Wie wird man dann so einen Mobber wieder los? Einfach so tun, als würde es Einen nicht die Spur tangieren, wenn der Mobber provoziert.

Kindergarten-Weisheit flugs auf den Reitplatz übertragen: Pferd bleibt stehen und frisst. Reiterin (also ich) wartet ratlos: War wohl nix. Aber einmal ist bekanntlich keinmal, also versuchen wir das Ganze doch noch einmal bei der Bodenarbeit: **At Liberty** im Roundpen. Und wie Klein-Queenie so ist: Wenn ich rechts sage, dann sagt sie links und wenn ich vorwärts sage, dann zeigt sie mir das wunderschönste Seitwärts auf mich zu, das man sich erträumen kann. Aber wehe man fragt nach Seitwärts auf mich zu, dann muss sie dringend zeigen, wie gut sie rückwärts gehen kann.

Aber dieses Mal hat Madame die Rechnung ohne den Wirt gemacht. Der Wirt war ich. Als sie mal wieder links sagte, als ich die Zeichen für rechts gegeben hatte, habe ich überraschend und blitzschnell die Zeichen für links gegeben. Als sie beim verlangten Rückwärts seitwärts auf mich zu kam, habe ich so getan, als hätte ich genau das gewollt und wenn sie los galoppiert ist, dann habe ich schnell hinterher getrieben. Wenn mein Sohn nicht als Zeuge dabei gewesen wäre, würde ich es heute immer noch nicht glauben, was danach passiert ist. Es dauerte keine fünf Minuten und Queenie stand mit gespitzten Ohren vor mir und reagierte danach auf allerfeinste Signale. Wenn ich nach rechts wollte, ging sie nach rechts, wenn ich rückwärts wollte, ging sie doch tatsächlich rückwärts – ich war baff. Es geschehen noch Zeichen und Wunder – wenigstens am Boden.

Beim Reiten zählte Queenie immer noch peinlich genau die Galopprunden und blieb mitten aus dem Galopp stehen, wenn Runde zwei zu Ende war. Also noch einmal tief in die Trickkiste gegriffen und die **Parelli-Pattern** mit dem lustigen Namen „**Bullauge**" gefunden. Das ist ein Zirkel, der spiralförmig immer kleiner wird und in der Mitte an einer Pylone mit einer Pause endet. Ist zwar keine umgekehrte Psychologie, hat aber trotzdem geklappt. So wurden aus zwei Galopprunden zweieinhalb und so nach und nach sogar drei, vier oder gar fünf. Meine Tochter beendet auch jede Reiteinheit mit Queenie mit Passagierlektionen, wobei sie

zwar gehen muss (Grasen ist nicht), aber das Pferd den Weg bestimmt. Das ist Vertrauensbildung.

Da das Jungpferd nun wie geschmiert lief, mussten als nächstes die Ponywallache für meinen Selbsttest herhalten. Auch hier führt manchmal das Motto „*Weniger ist Mehr*" zum Ziel. Wo ich zuvor noch Stick wedelnd nicht unter zwei Runden Galopp eingefordert hatte, habe ich Cisco nun schon nach nur drei Sprüngen zu mir eingeladen. Dem fiel das Lächeln aus dem Gesicht und er ging somit bald ab wie eine Rakete. Mir ging das Parelli-Zitat durch den Kopf, dass man seine Idee zur Idee des Pferdes machen soll, aber zuerst seine Idee verstehen müsste. Ich konnte den Groschen wirklich fallen hören. Auch bei Lucky geschahen noch Zeichen und Wunder. Als er in gewohnter Manier an Pylone drei nach rechts auswich, um in einem halsbrecherischen Galopp loszubrettern, habe ich geantwortet: „*Du willst laufen, komm ich helfe Dir dabei.*" Mit dem Ergebnis, dass er gar nicht mehr so dringend lospreschen wollte.

Klar: Respekt und Gehorsam sind unverzichtbar, aber es gibt auch Gelegenheiten, bei denen man in aller Seelenruhe einfach abwarten kann. Als Jungstute Queenie lernen sollte, dass sie in der Freiarbeit in kleinen Zirkel um mich herum traben sollte und sie lieber Riesenkreise auf dem Reitplatz absolvierte, habe ich statt mehr Druck zu machen, einfach so lange abgewartet, bis sie von sich aus immer engere Kreise zog. Das ging schneller als ich dachte. Ähnlich ging es mit Queenies Mutter namens Fancy, die immer mal wieder unter Strom steht und wohl glaubt, sie befindet sich auf der Rennbahn. Neulich als eine Reitschülerin sie ritt, rannte Fancy im Stechtrab nach vorne. Ich rief meiner Schülerin nur den Ausdruck **„Zero Brace"** zu und war froh, dass sie im Parelli-System so bewandert ist, dass sie sofort alles locker ließ, denn das soll es sein: Null Anspannung. Wir hatten jetzt beide erwartet, dass Fancy in Autoscooter-Manier über den Reitplatz hin und her saust. Weit gefehlt: Auch Fancy kennt sich aus im System und es dauerte keine Viertelrunde und Fancy fiel ohne reiterliches Zutun in einen derart ruhigen Trab, dass jedes Pleasure-Pferd vor Neid erblasst wäre.

Jetzt denkt der geneigte Leser vielleicht, dass die umgekehrte Psychologie nur bei meinen Pferden funktioniert, weil die vielleicht so schlecht erzogen sind. Aber ich unterrichte ja auch schon mal außerhalb und die Pferde kenne ich erst mal überhaupt nicht. Und was macht man, wenn man sich vorstellt? Man gibt sich die Hand. Beim Pferd nennt man das den **Horseman's Handshake**[1]: Pferdenase an Menschenhand. Aber die hübsche Araber-Berber-Mix-Stute sah das anders und traf mit ihrer Nase alles Mögliche, nur nicht meine Hand. Rückwärts gehen brachte nichts, den Pferdekopf mit dem Halfter nach rechts und links bewegen erst recht nicht. Sie gab mir zum Verrecken nicht die Hand. Als sich die erste Angstschweiß-Perle auf meiner Stirn gebildet hatte, weil man

---

1   Video zum **Horseman's Handshake** auf 12oaksTV – unseren Youtube-Kanälen mit Horsemanship- Turnier- & Zirkus-Vlog-Kanal: https://youtu.be/JD6gm6nXxuA

sich als Horsemanship-Trainerin ja nicht blamieren will, dachte ich: *„Hier hilft nur eins: Flucht nach vorn"*, und erklärte der irritierten Besitzerin, dass man natürlich als wahre Horsewoman ein Pferd nicht zum Handshake zwingt, weil das einfach unhöflich ist. Just in diesem Moment stiefelte das Stütchen auf uns zu und stupste zuerst mit ihrer Nase meine Hand und dann die Hand ihrer Besitzerin an. Wow!!! Und die Moral von der Geschicht? Klar brauchen wir Kontrolle übers Pferd, nach Möglichkeit auch über den Hund und den zweibeinigen Nachwuchs. Aber die dürfen eben auch ab und zu ihre eigenen Ideen einbringen und auch mal eine Entscheidung treffen: Nicht immer, aber immer öfter.

*So sieht der Horseman's Handshake aus. Wichtig ist, dass ihre Hand bewegungslos in der Luft steht, sie den Handshake also nicht erzwingen, sondern warten, bis das Pferd ihre Hand von sich aus berührt. Auf dem Foto sehen Sie unser Pony Indi, die zwischenzeitlich ein neues Zuhause hat, wo es ihr gesundheitlich besser geht*

# Infonachmittag mit Parelli-Instruktor David Zünd zum Einreiten von Jungpferden

Sonntag Nachmittag bin ich mit meiner Bodenarbeitsschülerin Jacky zu einem Infonachmittag zum Thema Jungpferdeeinreiten nach Gackenbach gefahren. Parelli-Instructor David Zünd hat bei zwei Pferden gezeigt, wie das Einreiten funktioniert, wenn es auf Parelli-Art geschieht. Auch wenn meine Tochter Larissa und ich vieles genauso gemacht haben seinerzeit bei Queenie, gab es dennoch den einen oder anderen Aha-Effekt. Es ist ja wichtig, wirklich einen Schritt nach dem anderen zu machen und keinen Schritt auszulassen z.B. erst mit einem Tuch am Stick über der Sattellage etwas zu simulieren, was zumindest schemenhaft nach Reiter aussieht. Faszinierend fand ich insbesondere das **Allover--Friendly Game**, bei dem der Mensch zunächst ohne Sattel auf dem Rücken des Pferdes hockt oder fast liegt und auch die Tatsache, dass in den ersten Tagen nur mit einem Zügel geritten wird, damit man nicht versehentlich an beiden Zügeln zieht, um das Pferd zu biegen bzw. damit anzuhalten.

Im Anschluss durfte man Fragen stellen und bei Jackys Frage war auch ich mehr als ratlos, weil ihr Pferd verletzt war und nur Schritt gehen durfte und entsprechenden Bewegungsdrang hatte. Da ist es wirklich schwierig, ein Pferd ins Gleichgewicht zu bringen, das rennen *will*, aber nicht rennen *darf.* Und genau das hat David auch gesagt: *„Schwierig."* Er hat dennoch vorgeschlagen, dass man den jungen Wallach beim Führen im Schritt stellen und biegen könnte. Etwas besser, als das, was ich vorgeschlagen hatte (Zirkuslektionen), weil ausgerechnet ein Vorderbein verletzt war. Wenn ich Jacky das nächste Mal sehe, muss ich ihr von Babette Teschens Longenkurs erzählen.

Na ja, aber was meine eigenen Pferde betrifft, bin ich ja manchmal wirklich ein wenig betriebsblind und bin immer froh, wenn ich auf Info-Nachmittagen oder Messen andere mit meinen Fragen löchern kann. Ich hatte schon vor drei Jahren mal mit David Zünd auf der Equitana gesprochen. Damals ging es um Queenies Mutter Fancy und ich bin heute noch fasziniert, wie gut er sie nur aufgrund meiner kurzen Beschreibung eingeschätzt hat und wie gut der Tipp funktioniert hat, den David Zünd mir damals gegeben hat. Die läuft ja jetzt halbwegs – zumindest ohne Lebensgefahr.

Aber Fancy gab es damals ja nicht alleine, einige Wochen nach diesem Gespräch kam Fancys Tochter Queenie zur Welt, die ja auch mittlerweile eingeritten ist und sich (so wie Larissa sie beschreibt) immer zwischen zwei Extremen bewegt. Entweder lernt sie etwas in rasender Geschwindigkeit und mit Feuereifer und alles ist so leicht und unkompliziert, dass man es gar nicht glauben kann oder es wird so richtig knifflig. Wenn ihr nämlich etwas zu anstrengend oder auch zu langweilig ist, dann sagt Queenie „Nein" und zwar klipp und klar und ohne Wenn und Aber. Bei den Arten des „Nein"-Sagens lässt sie nichts, aber auch rein gar nichts aus. ... Das erste Nein äußerte sie durch Bocken, dann war sie wieder monatelang das bravste Pferd, da sie gemerkt hatte, dass sie Larissa mit Bocken nicht sonderlich beeindrucken kann.

Ende des Jahres hat sie ihr Talent im Steigen unter dem Reiter unter Beweis gestellt, wobei wir nicht wissen, ob sie Ambitionen zum Zirkuspferd hat oder einfach nur mitteilen wollte, dass Trabvolten in Versammlung in ihren Augen einfach sinnlos sind, da man einen Spin schließlich auch ohne diese Vorbereitung machen könne. Queenie ist es nämlich egal, auf welchem Fuß sie dreht. Als Steigen auch nicht gerade die Endlösung von Queenies Problem wurde und sie fand, dass vier Wochen lieb und nett sein, mehr als ausreichend für ein Pferd mitten in der Pubertät ist, hat sie sich neulich kurzerhand in der Volte mitten im Schnee hingelegt. Eine Strategie, die sie als Jungpferd auch bei der Bodenarbeit gelegentlich eingesetzt hatte und das sogar aus dem Trab.

## Queenies Lieblingshaltung: Die Trüffelschwein-Manier

Andererseits waren so viele andere Dinge bei ihr so mühelos wie noch bei keinem anderem unserer Pferde. Sie läuft immer in Dehnungshaltung in astreiner Trüffelschwein-Manier und ob Showmanship oder Horsemanship: Sie macht es ohne mit der Wimper zu zucken. Beim Trail kann sie selbst Galoppstangen schon besser als ihre Mutter – alles in allem: Riesenspaß für unser Riesenbaby. So weit die Zusammenfassung, die ich David erzählt habe. Ich war wieder völlig von den Socken, wie schnell er Ideen hatte, wie man Auswege aus Queenies gelegentlicher Lustlosigkeit finden kann, die gar nicht so kompliziert klingen.

Erstens: Wenn man das Pferd immer nur versammelt, wenn danach der Spin kommt, ist das psychologisch und taktisch ein wenig unklug. Und so schön das ja mit dem langen Zügel im Westernreiten ist – für Queenie ist jetzt auch mal mehr Finesse-Reiten angesagt, so sein Rat. Larissas Kommentar, als ich ihr abends davon erzählte: *„Und was meinst Du, was ich die ganze Zeit mit der mache?????"* Wie praktisch, dass ich mehr als nur einen guten Rat vom Seminar mitgenommen habe. Es waren gleich drei an der Zahl, womit wir beim „Zweitens" wären: Wenn ein Pferd beim Spin auf dem falschen Bein dreht, denkt es meist rückwärts statt vorwärts. David hatte aus dem Stehgreif sogar einen Tipp, was man gegen das Verlehnen machen kann, was zum Drehen auf dem falschen Fuß führt - Kruppe herein auf der Volte und immer, wenn das Pferd kurz auf dem inneren Bein steht: ab nach vorne in die Vorwärtsbewegung. Das fand sogar Larissa toll, die eine verwandte Übung auch einmal bei unserem verstorbenen Trainer Marko gelernt hat, wo wir mutmaßten: Vielleicht war das genau der fehlende Zwischenschritt, den Queenie brauchte.

Gesagt, getan! Am nächsten Morgen im Schnee: ab auf die Volte und rein ins Kruppeherein. Es war wirklich erstaunlich, wie schnell Queenie die Übung verstanden hatte, auch wenn es nur ein, zwei Schritte waren, den sie auf dem inneren Bein drehte. Ihre Mutter Fancy hat sich etwas schwerer getan, aber mit ihren elf Jahren ist sie ja umgerechnet quasi in meinem Alter und ich lerne auch nicht mehr ganz so schnell wie damals als Jugendliche, wenn nicht zuweilen gar erschreckend langsam. Dennoch nach fünf Minuten kam der erste kleine Versuch auch von Fancy in die richtige Richtung (also 0,75 Sekunden inneres Bein), worauf Larissa direkt heruntergehüpft ist. Pause und im Anschluss kollektiv die Seelen im Gelände baumeln lassen.

Dort habe ich Larissa dann noch das „Drittens" erzählt. David hatte mich nämlich nach Queenies **Horsenality** gefragt (das sind die Pferdepersönlichkeitstypen nach Parelli aus Beitrag 2) und ich habe wie aus der Pistole geschossen, geantwortet: „**Left brain EXTROvert**", worauf David (ebenfalls wie aus der Pistole geschossen) fragte: *„Am Boden LBE und unterm Sattel Left Brain INTROvert??"* Wow. Das stimmt. Es fiel mir wie Schuppen von den Augen. Es musste offenbar nur irgend jemand das Kind einmal beim Namen nennen und als es einmal ausgesprochen war, hat Larissa beim Ausritt prompt noch einen drauf gesetzt. Queenie hatte sich nämlich erschreckt und hat auf ihre ganz eigene Art die Flucht ergriffen, die Larissa folgendermaßen beschrieben hat: *„Queenie hat sich erschrocken und ist losgetrabt, taaaadammm... laaange Pause* *taaaaadamm... noch längere Pause."* Es gibt ja Leute, die so etwas Pleasure-Trab nennen. Bei Queenie war das aber eine wilde Flucht vor dem Feind, um Abstand zu Selbigen zu bekommen. Nach etwa einer gefühlten Minute hatte sie den Abstand dann auf ungefähr acht bis zehn Meter hergestellt und schlurfte beruhigt wieder vor sich hin. Da Queenie und Larissa bei mir auf jedem Ausritt mit dem Begriff „Schneckenpost" aufgezogen werden, frage ich mich, wieso ich im Brustton der Überzeugung „Extrovert" gebrüllt hatte – na ja, wie gesagt. Beim eigenen Pferd hat man gelegentlich Tomaten auf den Augen und schaut durch rosarot getönte Brillen auf Tatsachen, die jedem Anderen sofort ins Auge springen.

*Auf dem Foto oben, seht ihr nicht Queenie, sondern unser Pony Lucky und der kann das schon mit dem Spin. Die Reiterin ist die Tochter der Autorin, die beim Gewinnspiel für einen der fünf kostenlosen Plätzen für einen Level-4-beyond-Kurs bei Pat Parelli persönlich aus über Tausend Bewerbern ausgesucht wurde.*

# Gymnastizierung von Pferden nach Natural Horsemanship-Prinzipien

Am **Natural Horsemanship** wird gelegentlich bemängelt, dass die Pferde dort nicht gymnastiziert würden. Das ist so nicht richtig, denn wer z.B. bei Pat Parelli im Level 4 eine Prüfung im **Finesse-Reiten** ablegt, muss dort nicht nur fliegende Galoppwechsel, sondern vor allem Seitengänge wie Travers und Schulterherein und exakt gerittene Volten und Zirkel zeigen. Bei Parelli wird das Reiten mit Zügelkontakt **Finesse-Reiten** genannt und ist das Resultat aus einer soliden Grundausbildung. Viele Menschen, die das Parelli-System beurteilen, kennen Schüler, die sich in den ersten beiden Levels bewegen, wissen aber nicht, dass diese beiden Levels ausschließlich der Ausbildung des Menschen dienen.

Im Parelli Level 3 wird es ernst. Denn erst jetzt bringt der Mensch dem Pferd etwas bei.

**Level 1 & 2** sollen daher nach einigen Monaten abgeschlossen sein und müssen danach mit keinem neuen Pferd wiederholt werden, da Pferde sich beim einfachen Abspulen der so genannten sieben Spiele langweilen. Erst im **Level 3** bringt also der Mensch auch seinem Pferd etwas bei und wählt dann aus den vorher gelernten Techniken, die für sein Pferd Passenden aus, was sehr individuell sein kann. Der **Level 3** besteht zu zwei Dritteln aus Bodenarbeit und einem Drittel aus Reiten, wobei das Pferd lernt, dass es sich ohne Zügel in allen Gangarten anhalten und lenken lässt. Das macht vor allem deswegen Sinn, weil die Zügel im vierten Level ausschließlich dafür genutzt werden, wofür sie gedacht sind: Der Gymnastizierung. Diese braucht übrigens auch das Freizeitpferd. Das hat Veterinär Jürgen Bartz bereits in der Juni-Ausgabe des Pegasus aus dem Jahr 1996 verdeutlicht:

*„Die bereits beschriebenen anatomischen Voraussetzungen machen aus gesundheitlichen Gründen jedoch ein Mindestmaß beim Aufwölben des Rückens und der Anspannung des Nackenbandes durch Absenken des Kopfes erforderlich, um das Pferd*

*nicht geradezu kaputt zu reiten. Leider (...) werden viele Pferde von Obensitzern bewegt, nicht aber von Reitern geritten. Die gesundheitlichen Folgen für die Pferde sind erheblich."*

Bekanntlich führen ja viele Wege nach Rom und im **Natural Horsemanship** resultiert die körperliche Versammlung aus einer emotionalen und mentalen Versammlung, wobei das freiwillige Fallenlassen des Kopfes als körperliche Entspannung erkannt wird. Diese Entspannung erreichen wir vor allem bei der Bodenarbeit. Erst durch die emotionale und mentale Versammlung wird die körperliche Versammlung entwickelt. Dafür haben wir aber nicht unendlich Zeit, denn wie Dr. vet. Jürgen Bartz weiter in seinem Pegasus-Artikel schreibt, ist der Pferderücken von der Natur nicht zum Tragen des Reitergewichts konzipiert und körperliche Schäden sind das Resultat einer falschen Körperhaltung:

*„Ohne Schuldzuweisungen muss man leider konstatieren, dass gerade bei Isländern, Norwegern und anderen ganz typischen Freizeitpferden häufig Lahmheiten und andere Schäden am Bewegungsapparat diagnostiziert werden, die mit dem nachweislich sehr geringen Reitpensum dieser Pferde nicht erklärbar sind. Der Verdacht auf eine grundlegend falsche Reittechnik drängt sich dann in der Tat auf."*

Nur wenn das Pferd locker und entspannt ist, kann es in die Dehnungshaltung kommen. Aus gutem Grund liegt daher unser Augenmerk zunächst auf den körperlichen Aspekten der Versammlung. Das Pferd soll mit den Hinterbeinen unter treten und den Rücken wölben. Genau das will man auch im **Natural Horsemanship**, aber man betrachtet die Versammlung eher ganzheitlich. Wenn das Pferd mental und emotional nicht in der Lage ist, sich zu versammeln, so wird es dies körperlich erst Recht nicht können – da helfen auch keine Ausbinder, Hilfszügel oder schärfere Gebisse. **Natural Horsemanship** geht daher in der Regel den umgekehrten Weg. Wenn das Pferd seelisch und mental losgelassen ist, dann wird es den Hals fallen lassen und damit den Rücken automatisch ein wenig wölben. Wenn der Reiter so locker und entspannt ist, dass er das Pferd dabei nicht stört, ist die erste Grundvoraussetzung „Dehnungshaltung" bei den meisten Pferden ohne großen Aufwand zu erreichen. Das Pferd lässt immer dann den Kopf fallen, wenn es sich wohl fühlt und entspannt ist. Wenn das Pferd sich absolut sicher fühlt und nicht vom Reiter gestört wird, wird es meist seinen Kopf schon allein deswegen fallen lassen, weil es in der Vorwärts-Abwärts-Position den Kopf ohne Muskeleinsatz vom Nackenband halten kann.

Die im Natural Horsemanship angestrebte Haltung des Pferdes wird nicht nur von Westernreitern bevorzugt, sondern auch von Phillippe Karl, ein Klassisch-Reiter, der durch sein Buch „Irrwege der modernen Dressur" bekannt geworden ist, aus dem ich hier zitiere:

> *„In der Dehnungshaltung werden die langen Rückenmuskeln gedehnt, die Rücken- und Nierenpartie hebt und spannt sich, das Pferd wölbt sich auf und ist besser in der Lage, Last zu tragen. Die Arm-Kopf-Muskeln können die Schultern weit nach vorne ziehen. Die Dehnungshaltung fördert raumgreifende Tritte und veranlasst das Pferd dazu, die Zügel in Bewegungsrichtung anzuspannen. Zudem sieht das Pferd mit beiden Augen klar, wohin es läuft."*

Phillippe Karl hat die so genannte „**École de Légèrété**" begründet und empfiehlt darin Klassisch-Reitern, Jungpferde oder schlecht bemuskelte Pferde über einen langen Zeitraum nur in Dehnungshaltung zu reiten. Er erarbeitet diese Dehnungshaltung, indem der Unterkiefer zunächst über Einwirkungen auf die Maulwinkel gelockert wird. Die Losgelassenheit wird also bei Phillippe Karl (genau wie im NHS) zunächst am Boden erarbeitet. Im zweiten Schritt wird die laterale Biegung erarbeitet. Über diese seitliche Biegung des Halses nach rechts und links finden Pferde ohne Zwang in die Dehnungshaltung. Auch hier wird am Boden das erklärt und erarbeitet, was später vom Sattel aus abgerufen wird. Hinzu kommt im **Natural Horsemanship**, dass ich das Selbstbewusstsein und das Vertrauen der Pferde durch die ans Pferd angepasste Bodenarbeit verbessere.

### Emotionale und mentale Versammlung

Wenn man auf diesem Weg die emotionale und geistige Entspannung erreicht hat, ist endlich auch der umgekehrte Weg denkbar. Ich bringe mein Pferd in eine Körperposition, die es entspannen lässt, um es im Fall von Angst beruhigen zu können. Manche Pferde benötigen hier unterstützende Hilfen, die im **Natural Horsemanship** stark dem ähneln, was auch Phillippe Karl praktiziert.

Eine weitere Übung im Natural Horsemanship ist es, dass ich mein Pferd darauf konditioniere, auf ein weiches Kneifen im Hals den Hals fallen zu lassen. Die Stellung erarbeite ich am Boden, indem ich meine Handkante am Halsansatz vor der Schulter ansetze und bei richtiger Reaktion des Pferdes löse. Beim gerittenen weit ausgebildeten Pferd gelingt das Stellen sogar auf ein einseitiges Anpendeln mit dem Bein.

Auch wenn ein Pferd auf dem Zirkel oft in Außenstellung läuft, kann ich dies im **Natural Horsemanship-Programm** folgend korrigieren, indem ich die Kruppe mit dem Stick herausschicke, so dass der Kopf zu mir schaut. Die laterale Biegung des Halses gehört genau wie das Senken des Kopfes zu den Grundübungen, die weich und ohne Widerstand funktionieren sollten, bevor ich mich in den Sattel setze. Parelli nennt diese Übungen und zwei weitere Übungen analog zum Instrumentencheck des Flugzeug-Piloten „Pre-Flight-Checks".

### Hindernisse wölben Pferderücken auf

Das Parelli-System bietet zudem mit der so genannten **Hügeltherapie** eine hervorragende Möglichkeit die Dehnungshaltung zu verbessern und die Rücken- und Halsmuskulatur aufzubauen.

Diese Therapie dauert sechs Wochen, in denen das Pferd nicht geritten wird. In den ersten beiden Wochen „longiere" ich es entweder an einem Hügel oder über Sprünge täglich jeweils fünf Minuten pro Hand mit zweiminütiger Pause. Bei Pferden mit guter Kondition kann ich die Übung von Anfang an im Trab machen. Bei allen anderen kommt der Trab in der dritten Woche hinzu, in der ich nur drei mal pro Woche auf diese Art longiere und auch schon den Galopp hinzunehmen kann. In der fünften und sechsten Woche wird zweimal pro Woche ausschließlich im Trab und Galopp auf dem Zirkel am Hügel oder wahlweise über zwei kleine Sprünge longiert. Zum Ergebnis dieses Trainings sagt Parelli-Instruktor Berni Zambail in der Zeitschrift Cavallo (Aug/2011):

*„Nach sechs Wochen ist das Training beendet. So lange braucht das Pferd, um sich an das neue Bewegungsmuster gewöhnen zu können. Der Körper sollte nun von (der) Kruppe, über (den) Rücken und Hals muskulöser sein. Dadurch verändert das Pferd seine Haltung. Im Idealfall wölbt es den Rücken auf, senkt den Kopf und dehnt sich. Diese Haltung erhält das Pferd gesund."*

Auch beim Fallen auf die Schulter, also die Schieflage, die gerade junge Pferde auf der Kreislinie einnehmen, bietet das **Natural Horsemanship** Lösungsansätze.

### Seilchen schwingen hebt Pferdeschulter

Bei der Achterfigur gelingt es dem Pferd durch häufige Seitenwechsel, sich selbst immer besser zu stabilisieren und ein moderates Tempo zu behalten. Wenn die Achter klappen, kann ich auch einmal Schlangenlinien ausprobieren – allerdings nicht, indem ich das Pferd durch die Schlangenlinien führe. Ich gestalte es so, dass nur das Pferd Schlangenlinien geht und ich gehe in möglichst großem Abstand und möglichst gerade auf der einen Seite nebenher. Um die Schulter des Pferdes aus der gesundheitsschädlichen Schräglage herauszumanövrieren, nehme ich den Stick zur

Hilfe und schwinge ihn in gerader Linie vertikal von unten nach oben in Richtung Schulter des Pferdes. Das Pferd wird jetzt die Schulter mehr anheben. Da ja prompt der Richtungswechsel folgt, wird mit dieser Übung das Heben der Schulter gelehrt. Im **Longenkurs** von Babette Teschen, welcher als eBook erschienen ist, gibt es auch noch eine Variante, bei der ich Stangengassen treppenförmig platziere und das Pferd symbolisch treppauf und treppab schicke. Im Sattel angekommen und im Fall, dass ich schon mit Gebiss reite, kann ich die Schulter heben, indem ich einen Impuls am inneren Zügel aufwärts führe, so dass dieser auf den Maulwinkel wirkt.

Dies sind nur einige Beispiele, wie das **Natural Horsemanship** dazu beiträgt, den Pferden eine gesunde Haltung beizubringen: Die Liste ließe sich durch zahlreiche Punkte ergänzen – es lohnt sich also, sich eingehender mit dem System zu beschäftigen. Allerdings sollte man niemals den Grundsatz „Alles zu seiner Zeit" aus den Augen verlieren, denn eine erzwungene Gymnastizierung führt zu Anspannung und Verkrampfung, was zur Folge hat, dass Muskeln durch Sauerstoffmangel ab- statt aufgebaut werden. Am Ende ist derjenige schneller am Ziel, der bereit ist, sich so viel Zeit zu lassen, dass kein Ausbildungsschritt vergessen oder ausgelassen wird.

# ERFAHRUNGSBERICHT: Pat Parellis „Yoga for horses"

„It's not easy, but simple"
„Es ist nicht einfach, aber simpel", war eines der Zitate aus dem „**Level 4 & beyond-Kurs**" mit *Pat Parelli* persönlich, das mich besonders beeindruckt hat, denn Pat machte klar, dass alles, was kompliziert ist, mitnichten gut und raffiniert sein kann.

Meine Tochter wurde für einen von fünf kostenlosen Gallery-Plätzen ausgesucht und ich durfte sie im März 2015 dorthin begleiten. Die Teilnehmer sollten Parellis Level 3 absolviert haben, also sowohl am langen Seil wie in der Freiheitsdressur eine gute Beziehung zum Pferd aufgebaut und beim Reiten unter Beweis gestellt haben, dass sie einerseits die Notfallzügelhilfen aus dem Eff-Eff beherrschen, aber andererseits ihr Pferd ganz ohne Zügel anhalten und lenken können. Das sind die Grundlagen. Einer von Pats Grundsätzen ist *„foundation before specialisation"*. Manche Reiter und Trainer sind so ehrgeizig, dass sie sich weder Zeit für Bodenarbeit noch für Notfallhilfen nehmen, sondern gleich mitten in der Gymnastizierung und dem Reiten auf Turnieren beginnen.

Das wäre in etwa so, als würde man ein Kind in die Schule schicken und verlangen, dass es vom Fleck weg in der Lage ist, die weiterführende Schule zu besuchen. Mit seiner Forderung nach der richtigen Reihenfolge in der Pferdeausbildung befindet sich Pat Parelli in bester Gesellschaft, denn auch der Begründer der École de Légèrété Phillippe Karl fordert in seinem Buch „Irrwege der modernen Dressur" folgendes auf Seite 47: *„Deshalb ist die Reihenfolge der einzelnen Punkte so wichtig. Zuerst das Nachgeben im Unterkiefer fordern, dann die vollständige seitliche Biegung ohne Genickbeugung, als dritten Schritt das Beugen des Genicks ohne Absenken des Kopfes und schließlich die Dehnungshaltung nach vorwärts-abwärts."*

Der Kurs war also explizit für diejenigen, die die Grundschule mit ihren Pferden erfolgreich absolviert haben. Nun im Level 4 ging es um das Thema „foundation for performance". Das Pferd soll nun auf Wettbewerbe vorbereitet werden, wobei der Schwerpunkt des von uns besuchten Kurses auf den Disziplinen Cutting, Reining und Working Cowhorse lag – also die Disziplinen, die ein athletisches Pferd erfordern.

Da die Levels 1 und 2 des Systems ohnehin nicht dafür gedacht sind, Pferden etwas beizubringen, sondern nur Menschen lehren, haben die Teilnehmer im dritten Level sichergestellt, dass ihre Pferde im mentalen und emotionalen Bereich ausgeglichen und vertrauensvoll sind, weil emotionale Blockaden in der Bodenarbeit aufgelöst wurden. Im Idealfall bietet das Pferd die Dehnungshaltung deswegen an, weil es emotional und mental bereits versammelt (und natürlich entspannt) ist. Bevor wir ans körperliche Training der Pferde gehen, müssen wir zudem sicherstellen, dass das Pferd die an es gestellten Aufgaben geistig verstanden hat und weiß, was es tun soll. Erst dann ist es bereit, vom Reiter in körperlicher Versammlung geritten zu werden. Das Pferd soll also keineswegs über einen längeren Zeitraum in einer für es ungesunden Haltung mit weggedrücktem Rücken geritten werden. Daher hat Parelli immer wieder darauf hingewiesen, dass seine Schüler und Studenten nicht zu lange in den Levels 2 und 3 verweilen oder gar „hängen bleiben" sollen, denn ein gesundes Pferd benötigt eine gute Gymnastizierung. Genauso ist auch das Parelli-Zitat *„Im Level 4 geht es eigentlich erst los"* zu verstehen.

Bei der Gymnastizierung nach Natural Horsemanship-Prinzipien (*vorheriger Beitrag*) geht es wie in jeder anderen Reitweise auch darum, wechselseitig Muskelgruppen zu stärken bzw. zu dehnen, um das Pferd auf schwierige Manöver wie z.B. den fliegenden Galoppwechsel vorzubereiten. Dafür sind die Seitengänge ganz besonders geeignet. Auf Englisch heißt Schulterherein „Shoulders-In" und Travers „Haunches-In". Pat Parelli hat auf faszinierend logische Art und Weise die Hilfengebung dafür erklärt, beispielsweise, dass die stellende Hand aufwärts gehen muss und nicht nach hinten. Ein wesentliches Element war auch der Einsatz des „Supporting rein", der im Westernreiten „Neck rein" und bei Phillippe Karl „Rêne d'appui" genannt wird und hier weniger dem Lenken dient als dem Stabilisieren der Schulter. Das Reiterbein soll fürs Pferd eine Grenze darstellen. Eine der Reiterinnen hatte das Problem, mit dem ich selbst mich vor einigen Jahren noch gewaltig herum geschlagen hatte: Weggestreckte Reiterbeine. Das Bein gehört aber ans Pferd angeschmiegt – gar nicht so einfach, jahrelange Gewohnheiten aufzubrechen. Es war ein unvergessliches Erlebnis und beeindruckend mit wie viel Humor Pat diese Reiterin unterstützt hat. Immer wenn ihr Bein wieder ein Eigenleben vom Pferd weg entwickelt hatte, spurtete Pat mit seinem Pferd los und baute selbst energisch die fehlende Grenze auf, die auf Englisch „boundary" genannt wird. Pat blieb dabei in jedem Moment herzlich und die Reiterin hat sich in diesen fünf Tagen in unglaublicher Geschwindigkeit weiterentwickelt – wie übrigens auch alle anderen Teilnehmer.

Den Einsatz von Sporen hat Pat mithilfe einer Simulation erklärt. Eine Teilnehmerin begab sich in den Vierfüßlerstand und Pat piekste sie sanft seitlich in die Rippen. Daraufhin wölbte sie ihren Rücken. Genau dafür seien Sporen beim Pferd gedacht, erklärte uns Pat.

Zurück zu den Seitengängen: Als Westernreiter wussten wir natürlich, dass die stellende Hand höher sein muss als die andere. Faszinierend waren allerdings Pats Griffe in die „Natural"-Trickkiste, denn wenn man den Blick und den Fokus in die Seitengänge integriert, werden diese wirklich simpel (wenn auch nicht immer einfach). Zum Beispiel hat Pat darauf geachtet, dass der Arm der oberen Hand gebeugt wird, wohingegen der andere Arm gestreckt sein soll (Ähnliches hatten wir doch damals im Level 2 gelernt). Pat erklärte den Zusammenhang folgendermaßen: *„Manchmal ist die eine Hand deswegen unten, damit die andere weiter oben ist."* Natürlich weiß auch Pat, dass niemand auf Turnieren so deutliche Hilfen geben darf. Was zu Beginn des Kurses noch übertrieben wurde, um Mensch und Pferd das Verständnis zu erleichtern, wurde von Tag zu Tag so sehr verfeinert, dass die Hilfengebung am Ende bei vielen Teilnehmern fast unsichtbar war. Sein System führt eben vom Einfachen zum Schwierigen in logisch aufeinander folgenden Schritten. Und egal, welches Problem ein Reiter hatte, Pat fand immer eine individuelle Lösung. Bestandteil des Kurses waren auch das Trailtor, ein Rückwärts-S und die Unterteilung des Spin-Trainings in mehrere aufeinander aufbauende Einzelübungen. Die Hälfte davon kannten wir bereits von unserem Reining-Trainer in Deutschland, aber die Integration der „fehlenden Übungen" ist geeignet, mögliche Widerstände beim Pferd zu reduzieren. Auf die Elemente aus den Westerndisziplinen Trail, Cutting und Reining gehe ich in meinem Buch zum Thema „Turnierreiten nach Natural Horsemanship-Prinzipien"[2] noch ein, das in Kürze veröffentlicht wird.

An dieser Stelle geht es um die Gymnastizierung, die Pat „Yoga for horses" nennt. Eine Übung war, dass der Reiter zunächst im Stand mit beiden Zügeln eine Grenze aufbaut, so dass das Pferd sein Kinn in Richtung Pferdeschulter nehmen sollte, denn alle Muskeln des Pferdes sollen gedehnt und gestärkt werden. Wirklich alle, was die unvermeidliche Anmerkung aus dem Publikum nach sich zog, dass die Pferde bei dieser Art von Dehnung doch kurz-

---

[2] Der Titel ist: „Westernreiten meets Natural Horsemanship – wie das Turnier zum gemeinsamen Projekt von Pferd und Mensch wird"

fristig hinter die Senkrechte geraten sind. Pat nahm die Zuschauerfrage ernst und nahm sich Zeit dafür zu erklären, dass Hinter-der-Senkrechten nicht gleich Hinter-der-Senkrechten ist. Eines meiner Lieblingszitate von Pat ist: „*Es kommt nicht nur darauf an, **was** man tut, sondern **wie** man es tut, **wann** man es tut und vor allem **warum** man es tut.*" Pat Parelli hat erklärt, dass Westernpferde natürlich ein anderes Gebäude haben als Englischpferde mit einem ganz anderen Halsansatz und auch völlig anderen Anforderungen. Er erklärte, dass Klassischreiter viele Wendungen in Kreisform reiten, wohingegen sich Westernpferde in einer Art Viereck auf der Stelle bewegen – z.B. beim Cutting oder beim Rollback in der Reining. Auf diese Anforderungen muss ein Pferd körperlich vorbereitet werden. Das ist es, was Pat immer wieder betont. Die Übungen fürs Pferd sollen in der richtigen Reihenfolge absolviert werden, wobei keine Vorübungen ausgelassen werden dürfen.

Eine sinnvolle Gymnastizierung ist nun mal ein Wechselspiel aus Anspannung und Dehnung von Muskeln. Extreme – egal in welche Richtung – sind selten gut. Rollkur wird selbstverständlich auch hier abgelehnt, aber auch das andere Extrem, die Angst, dass das Pferd einmal hinter die Senkrechte kommt. Ich habe genau dieses Thema recherchiert und von allen Seiten beleuchtet (Ergebnis erscheint im 12-Oaks-Sammelband 2: „Westernreiten zwischen Witz und Wissenschaft"). Unstrittig ist, dass ein Pferd überwiegend in Dehnungshaltung geritten werden soll. Pat Parelli befürwortet die Dehnungshaltung, aber diese solle nicht erzwungen werden, sondern sich mit der Zeit durch einen sinnvollen Trainingsaufbau von selbst ergeben und zur Idee des Pferdes werden.

Die Sache mit den Extremen hat Pat Parelli einleuchtend am Beispiel des Carrot Sticks erklärt. Der war in seiner ursprünglichen Form orange und sollte sowohl die Möhre als auch den Stock symbolisieren. Pat fragte seinerzeit, welche Pferdeausbilder besser seien: Die, die alle Probleme mit Möhren lösen wollten oder die, die Widersetzlichkeiten des Pferdes mit Stockhieben zu Leibe rücken. Nach Pat Parelli ist beides falsch. Er sagt von sich selbst, er sei auch extrem: Ein extremer Mittelweg-Beschreiter. So lautet eines seiner berühmtesten Zitate: „Sag niemals nie, sag nicht immer immer, normalerweise sag normalerweise." Diese Flexibilität und die Entwicklung eines guten Bauchgefühls aus einem fundierten Wissen heraus, ist immens wichtig bei der Pferdeausbildung, die bei Parelli auf zwei gleichwertigen Säulen ruht: Dem Gehorsam und der Motivation. Bei der Menschenausbildung ist das System dann (zumindest am Anfang) nicht ganz so flexibel, denn der Mensch muss einfach sein Handwerkszeug verstehen und sollte möglichst viele, wenn nicht gar jede Technik im Umgang mit Pferden aus dem Eff-Eff beherrschen. So haben wir im Level 2 gelernt, dass man sowohl die Vorhand als auch die Hinterhand bewegen können muss: nur mit dem Zügel, ganz ohne Bein. Im Level 3 und 4 verläuft die Übung genau andersherum. Kann ich Vorhand und Hinterhand nur mit dem Bein bewegen, ohne den Zügel zu benutzen? Interessant war auch, dass Pat am Pferdebauch verschiedene Zonen identifiziert hat, (*Details im Turnierbuch*). Mein Fazit aus dem Kurs ist: So wichtig die körperlichen Aspekte – wie die Dehnung und Kräftigung von Muskeln – auch sind, ein Horseman vergisst nie, auch die Seele, den Geist und vor allem die Begeisterung bei seinem Pferd weiterzuentwickeln.

*12-Oaks-TV-Playlist zur Gymnastizierung:* ***Westernbasics mit Larissa*** *- https://www.youtube.com/playlist?list=PLJjiTgC9GWQxGylPxbnckQmsOO_xnoRVT*

# Willkommen im Level-4-beyond-Blog aus Florida

## Wie alles begann:
## Wie es für Larissa war, den Platz zu gewinnen

Also ich kann ja gefahrlos an Gewinnspielen teilnehmen, ohne mir über die Konsequenzen Gedanken zu machen – ich gewinne halt eh nie etwas. Deswegen habe ich mich auf den kostenlosen Platz bei Pat Parellis Level 4 & beyond Kurs beworben und musste mir überhaupt keine Gedanken darüber machen, dass dann ja auch Kosten für den Flug und die Unterkunft anfallen.

Meine Tochter Larissa hat auf dem letzten Drücker von dem Gewinnspiel mitbekommen und unter dem Einfluss meines Ich-gewinne-nie-etwas-Glaubenssatzes habe ich ihr sogar geholfen, ihre Antworten auf Englisch zu formulieren, z.B. dass sie schon ihr Leben lang Natural Horsemanship macht. Okay, ihr *„I'm sure, that I love my pony, but I'm not always sure, that my pony loves me, too"*, hat sie ganz alleine formuliert. Aufgrund unserer Teilnahme am Gewinnspiel hatten wir einen sehr netten Brief von Pat bekommen, in dem er geschrieben hat, dass sich über 1.000 Menschen darauf beworben haben und dass er vor allem selbstbewusste Teilnehmer aussuchen will. Gelesen, vergessen, bis am Abend danach das Telefon ging und eine Freundin mir sagte, dass Larissa ausgewählt ist. Eigentlich hätte ich mir das ja denken können, denn die Regel „Ich-gewinne-eh-nichts" gilt für mich, aber so ganz und gar nicht für meine Tochter. Die kam auf die Welt und konnte gleich ihr Köpfchen halten und schaute keck in der Weltgeschichte herum und daran hat sich bis heute nichts geändert. Auf Larissas ersten, kleinen E-Turnier hat man noch über ihr Pony gelacht, was Larissa ignoriert hat. Als sie Zweite wurde, blieb den Lachern ohnehin das Lachen im Halse stecken. Die rote Schleife war dann übrigens Larissas Glaubenssatz für ihre erste Turniersaison. Sie hat es eine komplette Saison durchgezogen, Zweite zu werden. Als sie in die nächste LK aufgestiegen ist, wurden die Schleifen bunter, aber immerhin ist sie im darauffolgenden Jahr nicht nur in die LK 2 aufgestiegen, sondern wurde auch Drittbeste in ihrer Leistungsklasse und war die Beste im Trail im Landesverband Rheinland der EWU[3] sowie 7 x Allaroundchampion und Vizelandesmeisterin in der Reining (Bronze in der Superhorse).

Bei aller Freude darüber, dass sie ausgesucht worden war, war ich völlig aus dem Häuschen. Mir war klar, dass es bei so einer

---

[3] 2015 Beste in LK 2 und in den Disziplinen Reining, Superhorse, Trail & Westernriding - mit Vorsprung. 2016: dasselbe in der LK 1 B (außer dem Trail)

„Once-in-a-lifetime"-Chance kein Zurück mehr geben kann. Denn wie oft hat Larissa zu mir gesagt, dass sie mal bei Pat selbst lernen will und sie wollte so oft wissen, wie man es schafft für eine seiner Inside-Access-Unterrichtsstunden ausgewählt zu werden. Somit ist für sie wirklich ein Traum wahr geworden. Aber mit 16 konnte ich sie schlecht alleine fliegen lassen. Immerhin ist es auch für mich beruflich von großer Bedeutung, Pat einmal selbst zu sehen, da ich ein Buch über das Thema "Wie-sich-das-Natural-Horsemanship-mit-dem-Turnierreiten-verbinden-lässt[4]" geschrieben habe. Daher galt es nun von allen Ecken und Enden, das Geld für den Flug zusammenzuleihen und dann ging es ans Organisieren: Flüge, Unterkunft – haben wir Reisepässe? Als Allererstes muss man auch die Schule anrufen – für mich klang es am Telefon, als wären sie einverstanden. Aber Larissa erhielt erst mal ein *„Nein, es werden zwei Klassenarbeiten geschrieben."* Damit wurde es Zeit für „Himmel-und-Hölle-bewegen" der Tragödie zweiter Teil. Am Ende erhielt sie dann doch noch die Erlaubnis der Schule.

Der Tragödie dritter Teil war die Sache mit der Unterkunft. Es schien, als sei alles ausgebucht. Aber dann kam die Rettung – nicht nur eine kostengünstige Unterkunft, sondern sogar eine, bei der man mitten in der Nacht aufkreuzen durfte. Der Flieger landete schließlich um ein Uhr nachts. Bei der Unterkunft fühlte es sich an, als sei man auf einer Plantage aus dem 18. Jahrhundert gelandet, aber das wird ein eigenes Kapitel – daher springe ich jetzt direkt zur Ankunft im Parelli-Center am nächsten Tag, an dem wir alle von Pat persönlich begrüßt wurden und er uns erst einmal einen Ausblick auf den Kurs und einen Einblick ins Programm gegeben hat.

Einer seiner Leitsprüche ist *„foundation before specialisation"*, denn es gibt einfach unendlich viele Trainer, die zwar gut in ihrer Spezialreitweise sind, aber in den Grundlagen des Pferdetrainings nur mittelmäßig informiert sind. Das ist eines der vielen wichti-

---

[4] Erscheint unter dem Titel: **„Westernreiten meets Natural Horsemanship - wie das Turnier zum gemeinsamen Projekt von Pferd & Mensch wird"**

gen Dinge, die Parelli in seinen ersten drei Levels lehrt. Vertrauensaufbau und Respekt beginnen am Boden und zwar erst einmal am Bodenarbeits-Seil. Es ist zunächst für Anfänger gedacht, z.B. auch Reitanfänger, die im Level 2 lernen, Kontrolle übers Pferd zu erhalten. Im Level 3 wird es dann langsam knifflig. Kann ich wirklich in allen Gangarten lenken und anhalten, ohne die Zügel zu benutzen? Und im Level 3 beginnt ja auch die Freiheitsdressur, die Larissa mit ihrem Pony Lucky sehr gerne macht. Es ist schön anzusehen, wenn die beiden Fangen spielen. Larissa erhoffte sich Tipps für die Freiheitsdressur (bei Parelli: Liberty).

Der Level 4 wiederum hat die *„fundamentals of performance"* zum Inhalt, was dazu führte, dass Larissa 70 Prozent von Pats Level-4-Reitunterricht bereits mit ihrem Reining-Trainer Elias Ernst in Deutschland gemacht hatte. Daher war sie zwischendurch ein wenig enttäuscht. Dazu habe ich ihr gesagt: *„Aber das ist doch gut so – stell Dir doch mal vor, dass Pat das genaue Gegenteil von dem machen würde, was wir bei Elias lernen. Wie würde das denn dann zusammen gehen?"*

Zurück zur Begrüßung – am Ende sagte Pat, dass es ja auch ein paar Gewinner gibt, die aufstehen sollten und beklatscht wurden. Pat kam hinterher noch persönlich zu Larissa und gab ihr die Hand und sagte: *„I'm glad, that you are here."* Wir waren sprachlos – im wahrsten Sinne des Wortes und haben Pat nur dümmlich angrinsen können – ich hoffe nicht mit offenem Mund. Das Eis brach, als Pat am nächsten Tag mit Keksen herumging und ausgerechnet bei Larissa scherzhaft die Dose zurückzog, als Larissa sich einen Keks nehmen wollte. Pat hat wirklich Humor und wir haben viel über seine Scherze gelacht. Ein anderes Mal hat er sogar Larissas Stiefel als „fancy boots" bewundert.

Auch wenn Larissa eine Vielzahl der Übungen bereits kannte, war sie doch fasziniert von der Art wie Pat es macht. Natürlich haben wir außer Gymnastizierung, Schulterherein, Travers, fliegenden Galoppwechsel und Spintraining auch noch ein paar andere

Sachen gemacht. Bei Pats „Yoga for horses" haben wir noch zwei, drei Übungen gefunden, die wir vorher nicht gekannt haben, z.B. dass man den Spin dem Pferd anfänglich erklären kann, wenn man diesen in einem winzig kleinen umzäunten Bereich macht – so groß wie eine Pferdebox.

Das ist einfach das, was das Parelli-Programm ausmacht. Es ist wie eine Schule für Jungpferde und Reitschüler, die vom Einfachen zum Schwierigen führt. Da Larissa gerade in der Mathematik recht begabt ist, nehme ich mal ein anderes Beispiel als das ABC. Lernen führt im ersten Schuljahr übers Zählen zum Addieren und Subtrahieren im zweiten Schuljahr zum Multiplizieren im dritten, bis man in der weiterführenden Schule gerade deswegen so gut Wurzelziehen kann, weil man bei den Grundlagen so gut aufgepasst hat und eben Eins aufs Andere aufbaut.

Auch wenn Pat sagt, dass er Trainer kennt, die besser sind als er und vor denen er den Hut zieht, so prangert er auch die an, die von ihren Pferden Wurzelziehen verlangen, bevor sie das 1 x 1 verstanden haben und wenn das Pferd nicht funktioniert, dann wird es bestraft, was für Pat weder Sinn macht noch pferdegerecht ist. Dennoch ist Pat auch kein Reiter, der mit rosa Wattebällchen um sich wirft. Als sein Jungpferd einen gewissen Widerstand dagegen leistete, dass es aus dem Kruppeherein angaloppieren soll, äußerte Pat die Vermutung, dass das Pferd sich vielleicht bei dem Cutting-Trainer, bei dem es vorher war, wähnt. Dieser Trainer habe versucht, dieses Pferd mit Gewalt und Bestrafung zu trainieren. Larissa sagte: *„Der Lucky war immer bei uns und ist bestimmt nicht traumatisiert, aber der war auch nicht begeistert davon, beim Angaloppieren die Kruppe herein zu nehmen, weil es einfach sehr schwierig und anstrengend fürs Pferd ist."* Na ja, als diplomatische Mutter würde ich mal sagen: Beim Pferd, was Pat ritt, war es dann wahrscheinlich eine Mischung aus beiden Aspekten.

Pat ist ja sehr erfolgreich im Cutting und ist als 61jähriger Mann noch 16. der Weltrangliste geworden. Eine seiner Top-Schülerinnen (und seine Barn-Managerin) Elli Pospischil aus der Schweiz hat es sogar in der letzten Saison ins internationale Finale geschafft und wurde am Ende Sechste der Weltrangliste.

Zurück zu Larissa: Wir haben sogar die junge Frau kennen gelernt, die in dem Team war, das Larissa ausgesucht hat, aber sie erinnerte sich nur noch daran, dass Larissas Bewerbung einfach sehr interessant klang. Das Gleiche gilt auch andersherum, denn interessant war es für Larissa allemal, Pat einmal hautnah zu erleben. Wir haben schon so viele Parelli-DVDs zusammen gesehen; es ist einfach etwas anderes, wenn man Pat nicht nur live sieht, sondern an einem Kurs von ihm teilnimmt. Auch haben wir es noch nie gesehen, wie Cutting-Horses trainiert werden. Außer dieser Spezialisierung hat Pat uns aber von allem etwas gezeigt, denn das ist sein allergrößter Verdienst. Es ist gar nicht so sehr eine Methode, es wird immer wieder deutlich, dass es die Vielfalt ist, die Parelli ausmacht. Pat hat das beste Pferdewissen aus aller Welt zusammengetragen. Nicht nur das der besten Horsemen, bei denen er selbst in jungen Jahren in den USA gelernt hat; Pat war auch in Europa, um beim legendären Freddy Knie senior zu lernen (Ein Knie-Zitat ist passenderweise: *"Jeden Tag ein Zentimeter wird auch irgendwann zum Meter"*).

Vor Ort auf seiner Ranch hatte Pat auch einmal einen Reining-Trainer, dessen Wissen auch in den grenzenlosen Parelli-Wissenspool eingeflossen ist. Von einigen seiner Erfahrungen hat Pat uns berichtet und dabei war nicht zu übersehen, dass für Pat nur das Beste vom Besten gut genug war.

Da ist Larissa ja auch nicht anders. Es ist ein Drama mit ihr neue Westernstiefel einzukaufen – es gibt kaum einen Menschen, der wählerischer ist als Larissa. Wir haben Jahre mit der Trainersuche verbracht und Larissa hat sie reihenweise abgelehnt. Somit wundert es mich nicht, dass Larissa dieselbe Humanality hat wie Pat – beide Left Brain Introverts.

Pat hat uns auch einzigartige Einblicke gegeben, z.B. auch ein Join Up. Bemerkenswert fanden wir, dass er sich sogar recht positiv über Monty Roberts geäußert hat, aber wenn man sieht wie Pat „Join Up" im Roundpen macht, so ist es eigentlich doch etwas völlig anderes. Es ist kein einfaches Abspulen einer Methode, sondern er gestaltet es bei jedem Pferd anders und man entdeckt eine Vielzahl von Techniken, die Roberts Join Up eben nicht bietet. Ich fand es gut, dass er die Join-Up-ähnliche Übung als Level-4-Übung gezeigt hat, denn der Anfang der Pferd-Mensch-Beziehung beginnt bei Pat eben am Seil, was absolut Sinn macht (außer ein Pferd lässt sich weder anfassen noch einfangen).

Die beiden Highlights für Larissa waren erstens der Tag an dem alle mit ihren Pferden ins Wasser gingen - manche am Seil, andere aber auch auf dem blanken Pferderücken - und zweitens die Demonstration von Pats Sohn Caton, der uns die „Arbeit" mit einem drei Wochen alten Fohlen gezeigt hat und dabei von seinem Vater gecoacht wurde. Man kann diese kleinen Wesen problemlos an neue Dinge gewöhnen, weil sie mit ihrer Mutter überallhin gehen: Über Brücken, Sprünge oder sogar mitten in einer Rinderherde hinein. Das Fohlen merkt nicht, dass es trainiert wird, aber über die rechtzeitige Prägung lassen sich viele Probleme vermeiden[5].

Am letzten Tag des Kurses sollte jeder sagen, was er nun anders machen wird und ich hatte in meinem Part schon erwähnt, dass das „Yoga for horses" uns vom Reining-Trainer bereits bekannt war, als er uns das Zertifikat überreichte. Er hat dabei jedem von uns die Hand gegeben und uns umarmt. Nun war Larissa an der Reihe und auf die Frage, was sie nach diesem Kurs anders machen wird, sagte sie, dass gerade, weil ihr Pony so willig in jeder Übung ist, sie versuchen will, mehr auf seine Wünsche und Vorschläge im Training einzugehen. Daraufhin strahlte Pat und sagte, dass sie bestimmt einmal eine gute Ehefrau wird. Und Pats Sohn Caton ergänzte: *„Gib ihm auch ein Sixpack dazu."* Nach der schönen Zeit an Pat's Barn war dann auch Larissas Fazit: *„Und wann ist der Level-5-beyond-Kurs?"*

---

5   Bilder vom Kurs und den Pferden im Wasser auf S. 71 des Buches

# Kurs-Impressionen

**Pat Parelli** so hautnah zu erleben, war ein ganz besonderes Erlebnis. Von den Videos wussten wir ja schon, dass er wirklich gut erzählen kann und viele Anekdoten kennt. Dennoch war es unbeschreiblich anders, ihn einmal selbst in einem Kurs kennenzulernen - insbesondere, weil er wirklich fünf Tage nur für uns da war. Das sogar ohne etwas daran zu verdienen, denn die Einnahmen wurden der Parelli-Stiftung gespendet. Dennoch hat er uns unendlich viele Einblicke in sein Konzept gegeben und es nie versäumt, seine Lehrmeister zu erwähnen. Auch für Fragen hatte er ein offenes Ohr, so hat er mir für meine Level-4-Liberty-Audition mit Cisco den Tipp gegeben, den fliegenden Galoppwechsel über das Fahren aus Zone 5 zu verbessern.

Pat gelingt es auf sehr herzliche Art, seine Schüler zu motivieren, aber bleibt dennoch beharrlich in dem, was er beibringen möchte. Wenn eine Schülerin auf Nicht-Savvy-Art durchs Tor reitet, sagt er sehr bestimmt "*Stopp*" und erklärt dann "*It's not about the gate*" (Es geht nicht ums Tor öffnen). Es kommt immer aufs WIE an. Rinder jagen gibt es in seinen Kursen nicht, man muss auch den Rindern gegenüber ruhig sein und ihr Verhalten lesen. Obwohl er unterrichtet, hat er immer den Überblick und wenn etwas schief geht an anderer Stelle, sagt er seiner Barn-Managerin Elli, dass sie nach dem Rechten schauen soll.

Eine Teilnehmerin hatte beim Reiten dieselben Probleme wie ich vor einigen Jahren. Durch viel Freizeitreiten gewöhnt man es sich schnell an, die Beine wegzustrecken und wenn dann die Lenkung versagt, fährt man mit den Zügeln Bobby-Car oder versucht mit einem Impuls nach hinten die Lenkung des Pferdes zu erwirken. Somit konnte ich gut nachvollziehen, wie sich die Teilnehmerin fühlte. Aber ich unterrichte ja auch und wenn Schüler in diesem Tran sind, wo sie eine freundliche Korrektur nicht erreicht, sage ich auch schon mal laut: "*Stopp*" und erkläre den Leuten dann, dass ich sie nur eben wecken wollte und das nicht persönlich ist. Von daher fand ich es ganz toll zu erleben, dass Pat zwischendurch genauso unterrichtet. Bei der Reiterin, die Probleme damit hatte, ihr Pferd übers äußere Bein zu begrenzen, ist Pat sogar ein paar Mal in ihren Weg geritten und hat gerufen: "*Get out of the way.*" (Geh aus dem Weg). Ich fand das toll, auch wenn es vielleicht nicht die Wattebällchen-Unterrichtsmethode ist. Aber die meisten Leute wollen ja lernen und sollten ja auch lernen, denn unser Ziel ist es ja, dass selbst das Pferd am Ende sagt, dass wir gut sind. Somit hat es mich nicht gewundert, als die betreffende Teilnehmerin am Ende Pat explizit dafür gedankt hat, dass er so viel Geduld mit ihr hatte und nicht aufgegeben hat, bis sie den Bogen endlich raus hatte mit dem Bein als "Boundary" (Grenze). Es war überhaupt erstaunlich wie immens sich alle zwölf Reiter in nur fünf Tagen weiter entwickelt haben.

### Target-Training als Vorbereitung auf Cutting-Maschine

Lernschritt 1: das Pferd findet die Komfort-Zone am stehenden Objekt - immer da wird es in Ruhe gelassen, aber ums Objekt drumherum ist eher Diskomfort (wie beim Ostereier suchen: Kalt-Warm-Heiß). Dann soll das Pferd ein Objekt verfolgen wie z.B. einen Ball oder wie hier im Bild das Golf-Car und dann geht es ans Rind. In meinem Buch gibt es jetzt dazu natürlich ein eigenes Kapitel. (heißt: "*Westernreiten meets Natural Horsemanship*")

Blogbeitrag zum Cutting: **Wildes Rind und wilder Trail**: http://steiner-horsemanship.blogspot.de/2016/10/**von-den-socken-auf-q-16**-wildes-rind-und.html

**Pat mit seinem Hund:** Den durfte man übrigens nicht streicheln, weil es ein Arbeitshund ist. Der war wirklich heiß auf die Arbeit und hat auf Pats Zuruf ganz alleine die Rinderherde sortiert. Wenn Pat zu ihm gesagt hat, dass er in seine Hütte gehen soll, hat er das auch getan. Was war ich beruhigt, wenn der Hund zwischendrin wenigstens mal den Versuch unternommen hat rauszuschlüpfen, aber Pat blieb (ihr habt es Euch bestimmt gedacht): Passiv, höflich und beharrlich.

Am Schönsten war der letzte Tag, an dem Pat uns in einem edel gestalteten Ordner unsere Urkunden überreicht hat. Er hat jeden gebeten, etwas über den Kurs zu sagen und jedem aufmerksam zugehört und zum Abschied herzlich in den Arm genommen und gedrückt. Unser Plan ist somit: Auf zum Level-5-&-beyond-Kurs - aber den dann bitte in Colorado, denn Florida kennen wir ja jetzt.

## 12 Oaks Adventure Tours in die Südstaaten: Die Reise, unsere Ausflüge, das Wetter & das Essen

Es ging irgendwie alles schon gut los. Am Vormittag, an dem wir fliegen wollten, hatte ich erst mal eine Blasenentzündung und musste vorher noch zum Arzt, um Antibiotika mitnehmen zu können. Dafür hatten wir allerdings einen tollen Tipp bekommen, dass man das Auto gut in Neu-Isenburg abstellen kann, um mit der Buslinie 651 zum Frankfurter Flughafen zu kommen (selbst zurück hat das eine Woche später hervorragend geklappt). Leider war es kein Direktflug nach Orlando und bei der Zwischenlandung in Washington war ich den Tränen nahe. Ich verstand den Zollbeamten nicht und er mich nicht. Das fing ja gut an.

Endlich in Orlando fanden wir die Autovermietung nicht, was zur Folge hatte, dass wir die Letzten in der Schlange waren und das Navi (das ständig ausging) ansagte, dass wir um 5 Uhr morgens in unserer Unterkunft ankommen.

Aber die Unterkunft war gar nicht so leicht zu finden. Bis wir dann mal geblickt hatten, dass wir einen Zahlendreher in der Anschrift hatten, verging eine weitere halbe Stunde und dann waren wir endlich da und standen mit dem Mietwagen vor einem Tor, an dem wir neben der Drohung, ggf. erschossen zu werden auch noch ein Schild mit "Beware of the dog" vorfanden. Wenn Larissa nicht gewesen wäre, hätte ich mich im Leben nicht getraut da rein zu fahren.

Am Ende gab es dort zwei Hunde. Der Eine mochte mich, aber der Andere hatte mich „gefressen" und ich frage mich bis heute, warum der eigentlich immer nur mich angeknurrt hat. Zu Larissa war er freundlich. Aber für all die Unbillen wurden wir beim Anblick der Unterkunft voll entschädigt. Man sah aus dem Fenster und sah die für Florida typischen Bäume unter denen mehrere Pferde grasten. Wirklich eine Idylle. Übrigens waren die anderen Gewinner auch dort untergebracht, was wir sehr witzig fanden, da es ja jede Menge andere Unterkünfte rund ums Parelli Center gibt - aber das hier ist bestimmt die Schönste. Man fühlte sich um 150 Jahre in der Zeit zurück versetzt. So als wäre man in den Südstaaten vor dem Bürgerkrieg gelandet. Auf dem Rückweg sind wir übrigens in New York zwischen gelandet und konnten immerhin einen Blick auf die Skyline vom Flughafen aus werfen.

## Quer durch den Ocala National Forest

Wir hatten ja auch vor dem Abflug sinnigerweise einen Reiseführer gekauft. Die gute Nachricht: Es war eine Straßenkarte dabei und Larissa war richtig gut darin, diese Karte zu lesen und mich durch die Lande zu lotsen. Richtig toll in Florida ist es auch, dass auf jeder größeren Kreuzung die Himmelsrichtungen angezeigt werden. Die schlechte Nachricht: Der Reiseführer wusste offenbar nicht, dass es so viele wunderschöne Orte rund um Ocala gibt.

Ocala kam in diesem Reiseführer schlicht und ergreifend gar nicht vor. Also haben wir die Gegend auf eigene Faust erkundet. Unser erster Ausflug ging über den Highway 316 nach Osten. Das war ganz praktisch, weil auch unsere Unterkunft am Highway 316 lag. Wir sind etwas mehr als eine Stunde gefahren und an einem See in Salt Springs gelandet, an dem auch lustige kleine Häuschen standen - eins haben wir fotografiert.

Mehr *Fotos vom Ocala National Forest finden Sie in der Bildergalerie auf S. 71 oder auf einer Unterseite von 'Storys' (Florida-Blog) auf www.12oaks-ranch.de*

Die allerschönste Aussicht war allerdings auf einer Brücke, die in einer Wölbung nach oben ging. Von ganz oben sah man kilometerweit nichts als Wald und bei einem Blick nach unten sahen wir ganz tief im Abgrund einen Fluss, der sich durch diesen unendlichen Ocala National Forest schlängelt.

## Am Golf von Mexiko

Den Atlantik kennen wir ja schon aus Europa. Deswegen wollten wir uns lieber den Golf von Mexiko ansehen und sind von Reddick, wo das Parelli Center ist, immer weiter westlich gefahren, wobei wir vorher ganz dringend tanken mussten. Larissa hat auf der Karte eine Route entdeckt, bei der die Straße eigentlich mitten im Meer endet und das wollten wir uns einmal ansehen. Die Tankstelle, an der wir waren, war wirklich gruselig, aber wir waren halt gewaltig auf Reserve. Als wir an der Säule anhielten und rein gehen wollten, um zu fragen, welches Benzin wir tanken sollen, quatschte uns gleich jemand an, wir sollten bloß nicht das Auto unabgeschlossen abstellen. Vor dem Hintergrund, dass bereits im Reiseführer vor Kriminalität gewarnt wurde und das Auto sich jedes Mal selbst abschloss, wenn man eine Minute drin saß, fand ich das schon irgendwie beängstigend, zumal die Tankstelle auch recht verfallen wirkte; aber wir wollten schnell weg und haben dann davon kein Foto gemacht. Ihr seht auf S. 72 die Fotos in der Reihenfolge, wie wir uns immer mehr dem Golf von Mexiko nähern. Zuerst dachten wir, dass da ein See links von uns ist, aber das war wohl schon das Meer, das an den Küsten lagunenartig das Land erobert.

Auch vom Flugzeug aus konnte ich ein Küstengebiet sehen, bei dem sich Land und Meer kilometerweit immer wieder abwechselt, so dass es nach vielen Flussmündungen nebeneinander aussieht.

*Playlist des Zirkus- & Vlog-Kanals von 12-Oaks-TV*
***Florida-Reise – Fotos vom Level-4-beyond-Kurs:***
https://www.youtube.com/playlist?list=PLPpvt83CqtQDyM-lbMc4jzL-WQ7g9aVn3L

# Silver Springs: Sümpfe und Alligatoren

Wir haben zwar keinen Alligator gesehen, aber wenigstens ein Warnschild am Silver River, der glasklares Wasser führt (Fotos S. 70). Wir waren in einem Park, der sich Silver Springs nennt und zweigeteilt ist. Im südlichen Teil kann man verschiedenen Spazierwegen folgen. Unserer hieß "Swamp Trail". Weil wir an dem Tag dort waren, an dem auch unser Flieger nach Hause ging, haben wir einen Kürzeren gewählt. Interessant wäre sicherlich auch der "Sink Hole Trail" gewesen, aber den haben wir aus Zeitgründen nicht geschafft. Am Ende des Swamp Trail kamen wir am Museum vorbei, neben dem historische Häuser standen. Danach sind wir wieder ins Auto gestiegen und zum größeren Teil von Silver Springs gefahren. Das gleicht dann eher einem Freizeitpark, wie man ihn auch in Deutschland findet mit Spazierwegen rund um einen See. Dort soll es auch Affen geben, aber die haben wir nirgendwo entdeckt.

# Historischer Ort: Bald Nachbau von Fort King

Am letzten Tag waren wir ja zuerst im Silver Springs Park. Dort haben wir einen Tipp bekommen, dass man in Ocala an einem historischen Ort das ehemalige Fort King wieder aufbauen will. Florida hat ja ursprünglich den Spaniern gehört. Die sollen auch mit den Schwarzen in Freundschaft gelebt haben. Ich kriege jetzt aber nicht mehr ganz den Zeitpunkt hin, wann was passiert ist, was man liest, wenn man den Pfad an diesem historischen Ort betritt. Dort gab es vor ein paar Jahrhunderten ein Indianerdorf, in dem wahrscheinlich Kinder spielten und Menschen lachten. In dieser Idylle dringt eine riesige Armee ein und genau das solle man sich vorstellen, wenn man über den Pfad im Wald gehe. Larissa sagte: *"Ich kann mir das einfach nicht vorstellen, wenn ich die Geräusche von der viel befahrenen Straße nebenan höre."* Mir ging es nicht anders, aber später im Flugzeug konnte ich das dann doch visualisieren .... wir Menschen lernen irgendwie einfach nicht dazu.

*Diashow von unseren Florida-Ausflügen:*
https://youtu.be/JnG2v8sVOpA

## Das Essen ist ein Grund zum Auswandern

Die ersten Fragen, die einem nach dem Urlaub gestellt werden, sind ja bekanntlich:
- Wie war das Essen?
- Wie war das Wetter?
- Wie war die Reise?
- Was habt ihr alles gesehen?

Hier die Antworten: Unser erstes US-Essen haben wir bei Winn-Dixie gekauft und das Essen war genauso, wie es der Name vermuten lässt: Fettiger Süßkram, wovon sich die Zehennägel aufrollen. Dabei hatte unsere Zimmerwirtin uns explizit gewarnt, dass "Winn-Dixie" zwar der nächstgelegene Supermarkt ist, aber es Sinn macht, ein paar Meilen weiter zu fahren zu dem besseren Supermarkt. Egal: Unser Frühstück haben wir in den nächsten Tagen dann eben mit der Kneifzwange zu uns genommen. Aber der Service im Parelli-Center hat dann für alles entschädigt.

Im Parelli Campus gibt es nämlich extra eine Teilzeitkraft, deren einziger Job es ist, dafür zu sorgen, dass alles glatt läuft. Sogar am Reitplatz standen immer ein Behälter mit Wasser und ein paar Häppchen für zwischendurch bereit, wo ich mir hin und wieder eine Banane für den Abend eingesteckt habe. Es gab auch Trockenobst. Das war so göttlich, dass es in meiner Hand keine fünf Minuten überstanden hat. Larissa fand das Trockenobst und die Rosinen eklig, aber beim Mittagessen waren wir uns dann doch mal einig:

„Das Parelli-Essen ist ein Grund, um in die USA auszuwandern"

Es gab jeden Tag Salat mit einem würzigen Ranchdressig (Essig-Öl gab es auch, aber wir waren "addicted to Ranch-Dressing"), gerösteten Brotstückchen, Käse, Paprika und diversen Salatsorten zum selbst zusammenstellen sowie einen weiteren Salat, der so wie er war: fertig. Für den war ich aber irgendwie immer zu spät.

Am ersten Tag gab es Fladenbrot mit Gehacktem dazu. Das war so gewürzt, dass mir das Wasser im Munde zusammenlief. Am zweiten Tag konnte man eine Art Spießbraten in riesige Brötchen füllen - dafür würde ich sterben. Beruhigend war, dass das Fleisch von Tieren stammt, die draußen leben, was mir Pats Sohn Caton versicherte. Am dritten Tag gab es Geflügel und Kartoffelbrei mit Röstzwiebeln darin und am letzten Tag Nudeln, für die ich zwar nicht auswandern würde, aber die auch sehr lecker waren.

Der Höhepunkt war der Grillabend mit Pat, der wetterbedingt im Klassenzimmer stattfand, wo Pat und Luc fantastisch Gitarre gespielt haben. Pat hat das Grillgut selbst gewürzt; ich würde zu gerne wissen, wo man diese Würzmischung in Deutschland kaufen kann, aber wahrscheinlich gibt es die noch nicht einmal in den Staaten - immerhin sollten es ja Pat's Barbecue-Geheimnisse sein.

Dienstag Abend waren wir in Ocala Fondue essen (Foto: Square). Ich hatte Käse und Larissa Schokolade. Es hat nicht nur gut geschmeckt, sondern es war wirklich ein Erlebnis draußen auf der Restaurant-Terrasse Fondue zu essen. An diesem Abend hatten einige Jugendliche dort einen Tanz einstudiert zur Musik aus einem Ghetto-Blaster, während aus den Lautsprechern rund um den

Square harfen-ähnliche Klänge schallten (*ähnliche Musik lief am Flughafen*). Zwischendurch kam ein Auto an unserer Terrasse vorbeigefahren, dessen Fahrer so laute Musik hörte, dass man sämtliche Gespräche einstellen musste: The American Way of Life.

**Vom Regen in die Traufe: Schlechtes Wetter verfolgt**

Man nennt Florida ja auch den Sunshine-State und da ich zufällig gerade eine kleine Reitschülerin hier über die Osterferien hatte, deren Vater in Florida lebt, weiß ich, dass wenn bei uns Winter ist und vor allem auch im März in Florida allerbestes Wetter ist - normalerweise. Im Sommer regnet es dort jeden Nachmittag und ausgerechnet, als wir da sind, denkt das Florida-Wetter, es wäre Sommer – bedeutet dort: Regen – Tag für Tag.

Nachdem wir am ersten Nachmittag bereits eine mehrstündige Theorieeinheit bei Pat hatten, sollte es am nächsten Morgen an Pats Barn oben auf dem Berg weitergehen. Hat aber nicht geklappt, weil es erst mal gewaltig geplästert hat - wie gut, dass Pat wirklich so viel Wissenswertes zu erzählen hatte. Mittags klarte es auf und bis Donnerstag mittag konnte man übers Wetter auch nicht klagen. Aber dann erwischte uns am Vormittag ein Wolkenbruch, der es wirklich in sich hatte. Pat lässt sich aber auch von so etwas nicht unterkriegen und hat die Reitstunde kurzerhand in die Stallgasse verlegt. Bei Pat ist diese Stallgasse nicht betoniert, sondern entspricht einem überdachten Reitweg, wo sich ganz gut Seitengänge üben ließen (Foto S. 76).

Solche sandigen Reitwege fand man übrigens allerorts rund um "Pat's Barn" - woran das Schild "Wow-Factory" hängt. Genau von der Wow-Factory kam während des Gewinnspiels der Brief von Pat. Auf diesen Reitwegen rund um den Stall und im Kreis rund um eine Weide galoppierten und trabten dann auch Pats Sohn Caton und die Instruktoren, um ihre Pferde zu trainieren. Was das Wetter betrifft: Als wir nach Hause kamen und Janik uns berichtete, dass es hier die ganze Woche schön war und eigentlich erst so ziemlich zeitgleich mit unserer Ankunft der große Regen anfing.

# Die Leute, die wir beim Kurs kennengelernt haben, kamen aus aller Welt:
# Kanada, Australien, Neuseeland und Europa.

## Caton Parelli: Humor und Lebensfreude

Am zweiten Tag wollte Pat etwas an eine Tafel schreiben, da tönte jemand aus dem Hintergrund: "*Niemand kann lesen, was Du schreibst. Lass mich das machen*", und ein junger Mann ging nach vorne, um Pat den Stift aus der Hand zu nehmen. Daraufhin stellte Pat seinen Sohn Caton vor. Für mich war es wirklich toll, Caton persönlich kennenzulernen. Er hat eine sehr herzliche Art und stellte sich immer einmal wieder zu einem Schwätzchen zu uns, bei dem er gerne über Autos sprach. Einmal haben wir ihn gefragt, was wir machen können, wenn ein Cutting-gezogenes Pferd beim Spin auf dem äußeren Bein dreht und er sagte, er würde einfach ein Pferd nehmen, welches das schon kann. Caton hat einfach einen wunderbaren trockenen Humor. Dabei hatte er bestimmt kein leichtes Leben, da er mit einem Wasserkopf geboren wurde. Die Ärzte sagten, er würde nicht laufen und sprechen lernen. Mit 12 hatte er einen Schlaganfall, aber sein Vater Pat hat ihn nie aufgegeben und jetzt reitet Caton Turniere und quatscht wie ein Wasserfall. Wenn wir beim Kurs auf den Bänken saßen, rief er seinem Vater oft etwas zu oder machte einen Witz. Es war auch sehr interessant Pat als Vater zu erleben. Einmal rief er scherzhaft: "*Du weißt doch Caton: Kinder arbeiten, während Eltern sich amüsieren*". Wie bei der Pferdeerziehung schien Pat auch bei seinem Sohn seine 80 : 20 Regel zu anzuwenden. Meist hörte er geduldig zu, wenn Caton etwas erzählte und lobte ihn oft, aber manchmal konnte Pat auch streng sein, wobei er weder die Ruhe noch die Bestimmtheit verlor und Anweisungen stets humorvoll verpackte (z.B. „*Caton – das ist keine Wir-reden-über-Trab-Runde*"). Meistens war Pat aber sehr stolz auf Caton und erzählte uns, dass Caton täglich acht bis neun Pferde reitet und trainiert. Pat selbst hätte meist nur wenige Male auf Catons Pferden gesessen.

Unten ist ein Foto von seiner Vorführung mit einem drei Wochen alten Fohlen (mehr Fotos von Catons Pferdekindergarten auf S. 77). Es ist erstaunlich, was man so einem Zwerg schon alles beibringen kann. Es ist über eine Brücke gegangen, hat an der Seite seiner Mutter Circling Game gespielt, worauf Caton sagte, dass es so schon die ersten Pattern lernt. Auch ist das Fohlen mit seiner Mutter durch die Rinderherde spaziert. Besonders beeindruckend war, dass das Fohlen über einen Baumstamm gesprungen ist und schon gelernt hat, dass es die Gangart nicht wechseln soll. Erster Impuls wäre ja, dass ein Fohlen im Trab an den Sprung kommt und aus dem Sprung heraus galoppiert. Dadurch, dass die Mutter neben dem Baumstamm stand, wurde das Fohlen ausgebremst und blieb im Trab. Caton erzählte uns auch, dass er auch mit der Mutterstute damals dieselben „Übungen" gemacht hat.

*12oaksTV-Video:* **Einreiten nach Natural-Horsemanship-Prinzipien -**
*https://youtu.be/7QcKxPynRww*

*So sieht es an Pat's Barn aus. Auf dem Foto sind das Fohlen Luminosa, Pat Sohn Caton mit der Mutterstute und Pat Parelli selbst mit seinem Border Collie Nellie*

# Pats Barnmanagerin & unsere Rettung in der Not

Egal, was war: Elli Pospischil war immer meine Retterin in der Not. Sie hat mir zu Beginn eine eMail geschrieben, dass Autofahren in den Staaten halb so wild sei und den Tipp mit dem Silver Spring Parc hatten wir auch von ihr. Sie hat uns auch erzählt, dass am Freitag Abend ein Rodeo in Ocala ist, aber Rodeos haben Larissa und ich in Deutschland schon einige gesehen. Weil Elli bei einem Gewinnspiel eine Green Card gewonnen hat, kann sie in den Staaten leben und ist Pats Barn-Managerin und wahrscheinlich seine erfolgreichste Schülerin. 2014 haben sie und Pat darauf hingearbeitet, sich fürs Finale im Cutting zu qualifizieren,

*Elli und Larissa*

woran nur die besten 15 der Welt teilnehmen dürfen. Pat hatte Pech und ist auf Platz 16 gelandet, aber Elli hat sich qualifiziert und wurde am Ende Sechste der Weltrangliste. Elli möchte beweisen, dass sich Natural Horsemanship und Turnierreiten nicht ausschließen und dass der Unterschied darin besteht, dass man dem körperlichen Training von Pferden auch einen emotionalen und mentalen Aspekt gibt (*darum geht es auch in meinem Lehrbuch „Westernreiten meets Natural Horsemanship*).

Die Idee ist, dass nicht nur das Pferd dem Menschen etwas gibt, sondern auch der Mensch dem Pferd, so dass es (in der Bodenarbeit) etwas zurück erhält.

## Dressurreiten: Linda Parelli & Hot Jazz

Linda Parelli haben wir nur zweimal kurz gesehen. Am ersten Tag kam sie zusammen mit Aurélie de Mévius, die aus Pats TV-Serie "Amazing Grace" bekannt ist. Sie hat ihm assistiert und ist Grace auch geritten, nachdem sie mit viel Geduld gelernt hat, den Sattel zu akzeptieren. Am letzten Tag kam Linda ein zweites Mal zu unserem Kurs und ist ihr Pferd Hot Jazz vorgeritten. NHS führt halt reitweisenübergreifend auf ein hohes Niveau.

## Alle Gewinner unter einem Dach

Es war einfach witzig, wie viele von uns bei Fawn Anderson genächtigt haben. Über Gilian (schwarzes Käppi) bin ich an ihre eMail-Adresse gekommen, weil Fawn nicht auf der Liste steht, die vom Parelli-Institut verschickt wird. Nina (helles Käppi) ist eine der anderen Gewinnerinnen aus Texas, die auch sehr nett ist. Wir haben erst am vorletzten Tag erfahren, dass sie in einem Wohnmobil unmittelbar vor dem Haus von Fawn (Foto S. 75) mit einer der Reiterinnen nächtigt und auch der dritte Gewinner, Stewart aus Neuseeland, hat hier geschlafen. Stewart fanden wir sehr sympathisch, wir wissen nur nicht genau, woran es lag, dass wir kaum etwas von dem verstanden haben, was er uns immer freundlich erzählt hat. In Neuseeland spricht man wohl ein anderes Englisch als das, was in Amerika gesprochen wird und Kanadier waren dann ja auch noch beim Kurs - aber es müssen auch nicht immer Worte sein, mit denen man sich verständigt.

## Danke für die tollen Background-Infos

Mit Nancy und Laura habe ich mich besonders gut verstanden und ich war froh, dass ich eine Instruktorin hatte, die mir all das, was ich auf die Schnelle nicht verstanden habe, erklärt hat, weswegen ich sie mit einem Experten-Tipp zum Thema "fliegender Galoppwechsel" in meinem Lehrbuch aufgenommen habe.

Wir haben das auch direkt an Queenie ausprobiert, die vom Fleck weg den fliegenden Wechsel gelernt hat. Nancy (links auf dem Foto) hat jetzt den Level 4 und ab Level 5 sollen die Instruktoren sich noch einem zweiten Bereich widmen. Da Nancy bei ihrem allerersten und einzigen Start im Trail gleich auf einen internationalen 1. Platz, wie sie mir erzählte. Turniere seien aber nicht das, was sie interessiert. Sie möchte lieber an einem Projekt mitarbeiten, bei dem es um Natural Horsemanship für sozial benachteiligte Kinder geht.

*Trainingstipp Nr. 4: Fliegende Wechsel – Larissa coacht Janik* https://youtu.be/1LNdEw9PhC8

*Video von 12-Oaks-TV mit fliegenden Wechseln am Boden:* **Queenie & Nicola an Lasso & featherlines** https://youtu.be/bU-IPRQ6v8c

# Einfach schön anzusehen

Das ist Julia, meine Lieblingsteilnehmerin. Die ist mir schon am ersten Tag aufgefallen, weil sie nicht nur gut, sondern auch locker im Sattel saß. Dementsprechend schön war auch die Haltung ihres Pferdes. Ich habe ihr gesagt, dass ich froh bin, dass sie nicht in Deutschland wohnt, sonst müsste ich auf Turnieren ja Angst haben, dass sie uns Konkurrenz macht. Aber sie reitet auch in den USA noch keine Turniere. Allerdings nimmt sie Unterricht bei einem Reining-Trainer und das erklärt es natürlich ;).

## „Larissas Bewerbung war einfach interessant"

Weil es vom "Classroom" zu Pat's Barn ein gewaltiger Fußmarsch war, wurden wir mit kleinen Golfcars abgeholt und hoch gefahren. Im Golfcar sitzt Sophie aus Belgien. Sie war in dem Team, das Larissa mit ausgewählt hat. Die genauen Kriterien hat sie nicht verraten. Aber Larissas Bewerbung sei einfach interessant gewesen. Der erste Level 4 & beyond Kurs fand übrigens auf der Anlage von Sophies Mutter statt, die an diesem Kurs in Florida ein zweites Mal teilgenommen hat. Im Hintergrund seht ihr das Gebäude, in dem Pats Büro ist und einen von den Trucks, mit denen Caton und Pat immer unterwegs sind.

## Kanada-Zwillinge: „Where are my twins?"

Wenn gerade kein Golfcar in der Nähe war, haben wir Fahrgemeinschaften zu Pat's Barn gehabt und meistens sind dann die Zwillinge mit mir gefahren, die Pat auch immer gerne dann von den Zuschauerbänken geholt hat, wenn er jemanden für Simulationen brauchte oder um mit den Füßen ein Viereck in den Sand zu zeichnen. Er sagte dann meist: "*Where are my twins?*" (Wo sind meine Zwillinge?)

## „Undemanding time" mit einer Kuh

Im Bild seht ihr eine Kuh, die Brandi gehört. Brandi hat ihr Parelli-Wissen an einer Kuh ausprobiert, was ich einfach toll finde. Brandi lebt in Wisconsin und hat eigene Kühe. Zu manchen von ihnen hat sie tatsächlich eine Beziehung aufgebaut. Eine Kuh war besonders scheu und mit ihr hat sie viel Zeit verbracht; indem sie ihr einfach Gesellschaft geleistet hat, was bei Parelli *„undemanding time"* genannt wird. Nun ist die Kuh völlig auf Brandi fixiert, läuft zu Brandis Auto, wenn sie dieses sieht und Brandi ist die Einzige, die sie melken kann.

## Unser Ausflug in den Silver Springs Parc

Mehr (Farb-)fotos auf der Website der Autorin: www.12oaks-ranch.-de auf der Unterseite **Storys** in der Sidebar „**Florida Blog**" anklicken (auf dem Handy ggf. über die Sidemap).

# Auf dem Weg zum Golf von Mexiko

**Holzhäuser** (ganz oben: Silver Springs / ganz unten: Unterkunft)

**Unsere Unterkunft** (ganz unten: Schild vom Highway aus)

# Ocala National Forest

# Pat's Barn & Kursimpressionen

# Pferdekindergarten mit Caton Parelli

# Spekulationen zum Urheberrecht und ...
## "Wer darf Parelli unterrichten und wer nicht?"

ist eine Frage, die regelmäßig in diversen Horsemanship-Gruppen auftaucht und diskutiert wird, hier ein Blogbeitrag, der im Pferdekursportal 4my.horse erschienen ist so wie auch der danach, in dem es um die NHS-Ausrüstung geht.

## Keine Mindestqualifikation im Pferdebereich

Dreh- und Angelpunkt in der Diskussion um diese obigen Fragen ist ja ohnehin nicht, wer im Pferdebereich was unterrichten darf, denn das darf in Deutschland ausnahmslos jeder. Das ist deswegen so, weil es in Deutschland weder Standards gibt noch eine Mindestqualifikation wie z.B. im Hundebereich. Jeder, der sich berufen fühlt, darf Reitlehrer oder auch Horsemanship-Trainer sein und für alle, die viel Geld in Ausbildung investiert haben, ist es **verständlicherweise mehr als ärgerlich,** wenn Andere, die gar kein Geld in Ausbildung investiert haben, die Kunden "abgreifen".

## Sind Begriffe geschützt?

Aufgrund der deutschen Rechtslage geht es bei der Diskussion, wer Parelli unterrichten darf und wer nicht aber um die Kernfrage, ob ein Nicht-Instruktor die urheberrechtlich geschützten Begriffe der sieben Spiele & der Horsenalitys benutzen darf oder nicht - auch unter dem Hintergrund, dass Kunden bei Nicht-Instruktoren etwas Falsches lernen könnten. Wenn man nun aber das deutsche Urheberrecht nimmt, ist es ja bei Musik und Bildern so, dass man diese gar nicht erst verwenden darf, wenn man keine Klage wegen einer Urheberrechtsverletzung riskieren will. Beim geschriebenen bzw. gesprochenen Wort wird das Urheberrecht durch das Zitatrecht eingeschränkt. Somit gelten bei Worten nach der deutschen

Gesetzgebung etwas andere Regeln, was in den meisten Fällen bedeutet, dass in der Regel der Urheber genannt werden muss.

Wie viele andere Trainer habe ich eine Zeitlang parelli-ähnliche Inhalte unterrichtet (bzw. die Inhalte im Reitunterricht einfließen lassen), ohne die Begriffe zu benutzen, bis meine Tochter einen kostenlosen Platz bei einem Parelli-Level-4-&-beyond-Kurs gewonnen hat und wir bei Pat in Florida waren. Da so große Unsicherheit in dieser Frage besteht, habe ich einfach Pats Barn-Managerin gefragt, ob ich die Inhalte unterrichten darf und die Antwort erhalten, dass ich es dürfe, mich aber nicht Parelli-Instruktorin nennen darf und habe zudem einige Wochen später eine gleichlautende Formulierung in einer eMail vom Parelli-Instruktoren-Büro aus der Schweiz erhalten - die war aber nur so am Rande, als das Büro einmalig meinen Florida-Blog geteilt hatten.

In Florida haben wir auch einige andere Instruktoren kennengelernt, die dann auch **die Kehrseite der Medaille** erwähnt haben. Parelli will ganz sicher nicht, dass unter seinem Namen etwas Falsches unterrichtet wird, wünscht sich wohl aber auch, dass sein Programm in allen Pferdebereichen zu einer Art Standard wird - das klingt nach einer Gratwanderung und ist sicherlich nicht einfach zu handhaben. Im festen Glauben, **kostenlose deutschsprachige Öffentlichkeitsarbeit** für Parelli zu machen, wenn ich Parelli in meine Pferdefachartikeln, Blogs oder Videos zitiere, hatte ich vor einigen Monaten auch einmal eine Youtube-Playlist[6] gemacht, sah mich urheberrechtlich nicht im Kreuzfeuer, weil ich ja erwähnt hatte, dass die Begriffe auf Parelli zurückgehen, hatte dann aber prompt eine Mail von einer deutschsprachigen Instruktorin im Postfach. Wie so oft mit einerseits, andererseits formuliert, also: *"Schön, wenn der Horsemanship-Gedanke weitergetragen wird, aber ..."*

---

6 **Parellis sieben Spiele von Level 1 bis Level 4** https://www.youtube.com/playlist?list=PLR4Cvt5LYbiStiZCDEPIr-vmffn4tJY89

## Das Grauzonen-Gefühl

Unterschwellig fühlt es sich also immer so an, als würde man etwas Falsches machen, wenn man mit Begriffen aus dem Parelli-Bereich in irgendeiner Form journalistisch interagiert. Auch im Unterricht verbreitet sich dieses Grauzonen-Gefühl, obwohl ich stets und ständig erzähle, woher ich mein Wissen habe. Parelli wird durchaus oft von mir erwähnt, aber natürlich auch ganz oft unser Westerntrainer Elias Ernst und stellt Euch vor. Es gibt sogar Überschneidungen bei beiden Trainern. Da spricht der Reining-Trainer von Phasen und im richtigen Moment loslassen, weil das Pferd dann lernt. Unser Westerntrainer spricht von drückenden oder klopfenden Schenkelhilfen, was bei Parelli wohl mit den geschützten Begriffen Porcupine und dem Driving Game umschrieben würde und wenn das Pferd sein Job macht, sagen beide, dass man dann passiv sein soll. Pat spricht nicht umsonst von "**Wissen, das so alt ist, dass es schon wieder neu ist**" und in Florida, wo Pat uns viel über die Disziplinen Reining und Cutting erzählt und gezeigt hat, sagte meine Tochter neben mir am laufenden Band: *"Genau die Übung habe ich schon mit Eli gemacht."* Elias käme natürlich nie auf die Idee, sein Training "Spiel" zu nennen und er käme auch ganz sicher nicht auf die Idee zu sagen, dass er in irgendeiner Form nach Parelli arbeitet. Er sagte mir vielmehr einmal, dass er das Programm kaum kennt. Aber es ist dennoch in einigen Bereichen in der Tat ein ganz ähnliches Vorgehen und folgt wie das Parelli-Programm dem Grundsatz "foundation before specialisation". Auch hier gilt beispielsweise, dass dem Pferd möglichst viel am Boden erklärt wird und das Schöne ist: **Alles, was wir bei Elias lernen, dürfen wir an unsere eigenen Schüler weitergeben.** Wir sind ja eh keine Konkurrenz für ihn, denn er wurde letztes Jahr Bronze-Europameister und wir wissen, dass wir obwohl wir schon so viel gelernt haben, dennoch noch sehr viel mehr lernen müssen - von beiden System. Denn Parelli hat in Sachen Pferdepsychologie sehr viel zu bieten, was man beim Reining-Trainer dann eben doch nicht lernt.

## Wissen weitergeben

Bei allem, was wir in Parelli-Kursen gelernt haben, fühlt sich das "Weitergeben von Wissen" deutlich komplizierter an: eben dieses oben erwähnte Grauzonen-Gefühl. Auf Messen wird z.T. auch schon mal von Instruktoren gesagt, dass nur Parelli-Instruktoren Parelli unterrichten dürfen und das macht ja auch grundsätzlich Sinn, steht dennoch im Widerspruch zu der auf Anfrage erhaltenen Antwort, dass man es unterrichten, sich aber nicht lizensierter Instruktor nennen darf. Weil es - wie man immer mal hört - erklärtes Ziel des Systems ist, dass es weltweit zur Grundlage für alles andere wird, hat Linda Parelli sich entsprechend dafür eingesetzt, dass bei der FN in Deutschland Bodenarbeit zum Grundrepertoire gehört und auch da gibt es mittlerweile Nicht-Instruktoren, die verwandte Inhalte unterrichten und meine Meinung ist: Das ist auch gut so. Denn, was nützt es, wenn nur die zu Parelli gehen, die es immer schon gut fanden - **es muss doch Ziel sein, die zu erreichen, die noch nie davon gehört haben** oder die dem System noch mit gemischten Gefühlen gegenüber stehen - das wäre zumindest meine Einschätzung, wenn ich Insider *wäre*.

## Wie hätte Gretchen entschieden?

Die Gretchenfrage dreht sich dennoch um Wörter, Namen und Begriffe. Ich habe mich - wie gesagt - aus dem Grund dafür entschieden, Parelli-Begriffe zu verwenden, weil ich es einfach nur **fair und höflich** finde zu sagen, woher man sein Wissen hat. Auch etwas, was mir an Pat gefällt: Bei jeder Veranstaltung, wo man ihn sieht, zählt er seine Lehrmeister auf und einer meiner eigenen Lehrmeister ist Pat Parelli selbst und ich bin so stolz darauf, das noch sagen zu dürfen. Strittig bleiben vor allem die Begriffe wie 'sieben Spiele', 'Horsenalitys' und der Name 'Parelli', weil sie geschützt sind. Deswegen sage ich bei jedem Neukunden oder Interessenten erstens, dass ich keine Parelli-Instruktorin bin, nenne aber durchaus meine Lehrmeister (*beim Verladen ja auch den ver-*

*storbenen Marko Pohland oder auch Uwe Weinzierl*) und erkläre den Leuten zweitens, dass ich urheberrechtlich geschützte Begriffe aus dem Parelli-Programm unter Namensnennung zitiere, damit die Leute, wenn sie einmal einen Instruktor-Kurs buchen, **diese Begriffe schon kennen** (*vor allem weil ich die Einschränkung des Urheberrechts durch das Zitatrecht so verstehe, dass man immer seine Quelle nennen muss - das macht man ja auch bei Doktorarbeiten und Presseartikeln*). Da ich ja auch Artikel über diese Begriffe geschrieben habe und es irgendwie seltsam finden würde, wenn ich im eigenen Unterricht höllisch aufpassen würde, dass mir nicht mal einer der urheberrechtlich geschützten Begriffe herausrutscht, habe ich das bis jetzt auch erst mal für stimmig gehalten und eigentlich gedacht, dass die Namensnennung auch im Interesse von Parelli wäre, zumindest wenn es sein Ziel ist, **dass seine Idee bekannter werden soll** als Grundlagenprogramm für alles andere. Aber klar, es könnte sein, dass ich mich irre und irgendwann offiziell aufgefordert werden würde, die Verwendung der Begriffe zu unterlassen und dann würde ich das sofort anders nennen und sofort öffentlich Abstand davon nehmen, dass ich die Begriffe jemals benutzt habe.

## Sich mit fremden Federn schmücken

Aber was dann? Ja, dann bin ich mitten im Lager von den Trainern gelandet, die Parelli-Inhalte unterrichten, aber nicht zwangsläufig erwähnen, dass sie dieses Wissen von Parelli haben, worauf ich nun eingehe. Fangen wir aber erst mal mit den **ehemaligen Instruktoren** an, z.B. Birger Giesecke, der ein den Horsenalitys verwandtes System mit Namen EQS entwickelt hat, Heiner Nordberg aus meiner Gegend war meines Wissens einmal Inhaber von Parelli Deutschland und unterrichtet nach wie vor ähnliche Inhalte, wo ich allerdings nicht weiß, ob er die Begriffe benutzt oder eben nicht. In Australien wäre noch Steve Halfpenny als ehemaliger Instruktor zu nennen, der sich mit Silversand Horsemanship selbstständig gemacht hat und in Tschechien verhält es sich ähnlich mit

Honza Blaha. Ich hatte oben bereits Uwe Weinzierl erwähnt. Der ist kein ehemaliger Instruktor, aber schreibt auf seiner Website, dass er sein Wissen über amerikanische Videos erworben hat. Er betreibt meines Wissens eine Akademie, in der Natural Horsemanship-Trainer ausgebildet werden, die dann natürlich auch keine Parelli-Instruktoren sind und sich auch nicht so nennen. Ich kann und will mir kein Urteil darüber erlauben, auf welchem Niveau diese Trainer sind, aber es scheint doch wirklich alles legitim und rechtens zu sein. Uwe ist dennoch wenigstens so ehrlich, dass er während der Veranstaltung German Open Horsemanship, bei der er vor einigen Jahren Richter war, in einem Nebensatz einmal gesagt hat: "**Das basiert natürlich schon auf Parelli...**"

## Und wer hat's erfunden?

Andere sagen es aber nicht, sondern sagen, dass Parelli ja schließlich das Natural Horsemanship nicht erfunden hätte (*obwohl er sehr wohl den Begriff erfunden hat ... egal, ist hier nicht Thema*). Honza Blaha als Ex-Instruktor betont auf seinen Kursen dem Hören-Sagen nach immer wieder, dass er vieles völlig anders mache als Parelli. Ich habe noch nie einen Kurs bei ihm besucht, aber wenn ich Kursberichte lese, dann klingt das für mich so, als würde Honza ganz eindeutig Level-3- und Level-4-Inhalte aus dem Parelli-Programm unterrichten, seinen Kunden gegenüber aber behaupten, dass das Parelli-Programm sich auf die Levels 1 und 2 beschränkt, was sich z.B. aus dem Zitat herauslesen lässt, dass Parelli immer nur vier Phasen nutzen würde und Honza selbst eine lange Phase 1 mit unmittelbar folgender Phase 4, was unter dem Begriff "Verstärkung" aber doch auch im Parelli-Programm zumindest für fortgeschrittene Schüler gelehrt wird z.B. im 3. Link unten nachzulesen. (*Hinweis in eigener Sache: Meine Überlegungen zu Honza Blaha beziehen sich auf den Link am Ende, die Richtigkeit kann ich nicht überprüfen, aber die Begriffe Love, Language & Leadership stammen aus dem Parelli-Programm und sind geschützt*).

Aber eigentlich war ich ja beim Thema Akademie. Auch Horseman Thomas Günther bildet Horsemanship-Trainer aus. Ich finde Weinzierl & Günther gut, frage mich aber hin und wieder, ob der landläufige potentielle Horsemanship-Kunde, Westernreiter oder Reitanfänger überhaupt beurteilen kann, wo der Unterschied zwischen einem Weinzierl- bzw. Günther-Schüler und einem Parelli-Instruktor ist, obwohl Günther und Weinzierl Parelli ja durchaus als Quelle (oder auch eine von vielen Quellen) nennen. Ich persönlich finde die Horsemanship-Trainer ehrlich gesagt unsympathischer, die zwar Inhalte des Parelli-Systems unterrichten, aber **zeitgleich behaupten, sie hätten ein eigenes System entwickelt**, wo ich jetzt aber einfach mal keine Namen nennen möchte. Mir fällt aber noch eine dritte Horsemanship-Akademie ein, wo ich nach persönlichem Empfinden dann doch etwas zwiespältig bin. Vor ein, zwei Jahren fand man auf der Website von Heinz Welz den Begriff der sieben Phasen, die inhaltlich **nahezu identisch** waren mit den sieben Spielen, was auf Facebook dann auch irgendwann einmal zu gewissen Diskussionen geführt hat, aber urheberrechtlich gesehen mit Sicherheit legal war. Ich habe diesen Link leider nicht mehr wiedergefunden, aber ich finde, dass die Welz-Akademie nach wie vor Parelli-ähnliche Inhalte transportiert, wenn ich durch die Website stöbere und das wird sie auch dürfen, solange die Begriffe nicht genannt werden. Zwiespältig bin ich deswegen, weil auch ich es aus rein idealistischen Gründen schön finde, wenn immer mehr Menschen den Horsemanship-Gedanken weitertragen, aber als ich neulich die beiden Bücher von Heinz Welz gelesen habe, **klappte mir doch zwischendurch die Kinnlade herunter.** Zusammenfassend würde ich sagen, dass das Eine sich mit den Methoden von Monty Roberts befasst (*einerseits kritisch, andererseits wird diese Methode dann in nur leicht abgewandelter Form als Trainingsmethode empfohlen und angewandt*) und das Andere in groben Zügen den Level 1 des Parelliprogramms beschreibt, wobei die Quellen eher in Randbemerkungen erwähnt werden und erneut die **rhetorische Glanzleistung** gelingt, dass das Programm gleichzeitig sowohl empfohlen als auch kritisch betrachtet wird. In Erinnerung geblieben ist mir das Parelli-Zitat aus Welz' Buch: "*Leg dein Herz in Deine Hände und berühre damit dein Pferd.*" Mir persönlich war völlig klar, was Pat damit gemeint hat. Heinz Welz bemängelt aber, dass Pat es versäumt hätte, ausführlich zu beschreiben, was mit "Herz in die Hand legen" gemeint sei und liefert dann eine recht langatmige eigene Interpretation, die ja auch nicht falsch, aber wohl schon ein wenig überflüssig ist: **Das Zitat sagt doch alles**. Mein Zwiespalt tat sich aber erst am Ende des Buches auf, da wo Heinz Welz das Fazit zieht, dass man sich für die Inhalte des Buches (mehr oder weniger also Parellis Level 1 mit Anfängen im Level 2) ganz, ganz viel Zeit lassen solle. Also da fiel mir dann wirklich das Lächeln aus dem Gesicht. Pat Parelli sagt nämlich das absolute Gegenteil: Die Levels 1 und 2 seien reine Menschenschule und die sollte der Mensch recht flott lernen, um das Pferd nicht zu langweilen, denn die Pferdeausbildung beginne erst dann, wenn der Mensch den Level 3 oder besser noch den Level 4 erreicht habe.

## Und dann sind da noch die VOX-Pferdeprofis

Da ich ja ein besonderes "Faible" für die VOX-Pferdeprofis habe, fällt mir auch ein, dass ich mal irgendwo gelesen habe, dass Bernd Hackl nach **Selbstaussage** einer der wenigen Pferdetrainer Deutschlands sei, der sich ganz und gar dem Horsemanship verschrieben hätte. Einer der Wenigen? Äh ja ... nee ... iss klar. Nun gut, ich schaue die Sendung regelmäßig und entdecke auch hier Methoden, die man entweder bei Buck Brannaman oder Monty Roberts oder Pat Parelli schon mal gesehen hat. Wie bei Heinz Welz weiß ich nicht, ob ich es gut finde, wenn diese Programme derart vermengt werden, dass am Ende vielleicht gar kein Programm mehr übrig bleibt, aber die aufwühlendsten Fragen, die mir bei der Anwendung der Parelli-verwandten Elemente in der Sendung "Pferdeprofis" regelmäßig durch den Kopf gehen, sind diese: "*Wann bitte kommt denn mal das Neutral und warum hat er jetzt nicht die Zeichen gesehen, die das Pferd ihm gibt?*" **Es ist eben**

**nur eine Seite der Medaille**, die man auf VOX sieht. Man sieht nur die Seite mit dem Druck, wo doch eigentlich der Druck immer Hand in Hand mit dem Neutral gehen sollte.

## Und wo stehe ich?

Stehe ich also nun auf einer Stufe mit Welz und Hackl, wenn ich Parelli als Quelle nenne und seine Begriffe benutze und immer wieder erwähne, dass sie urheberrechtlich geschützt sind? Muss wohl so sein, denn an nicht-lizensierte NHS-Trainer wird hin und wieder der Wunsch herangetragen, die Parelli-Begriffe eben nicht mehr zu nennen, dieses Recht sei Instruktoren vorbehalten. Da vergeht selbst mir als eingefleischter Parelli-Fan jegliche Lust darauf, einen Kurs zu besuchen: Solche Hinweise haben zum Einen irgendwie etwas Elitäres, ein kleines bisschen von oben herab, vielleicht sogar kleinkariert und es stellt sich die Frage, wofür man denn das ganze Geld ausgibt, wenn man am Ende doch nur dann als Könner gelten kann, wenn man Instruktor ist und sich entsprechend immer in einer Art Selbstzensur die Frage stellt: "*Darf ich jetzt davon erzählen, was ich gelernt habe oder nicht und in welchem Rahmen?*" **Kann das im Sinne von Parelli sein?** Und würde Parelli von keinem Trainer mehr erwähnt, der nicht Instruktor ist, dann wäre dem Ich-habe-meine-eigene-Methode-erfunden ja Tür und Tor geöffnet. Na ja, ist nicht mein Problem - bin ja keine Instruktorin - würde sich in meinem Alter auch echt nicht mehr lohnen, es zu werden.... aber ich blogge halt gerne all die Gedanken, die mir so durch den Kopf gehen und in diesem Sinne: Sie werden ihre Gründe habe, die ich absolut respektiere. Gerade heute ist mir aber ein interessanter Artikel untergekommen. Da geht es um das Bikini-Prinzip, wo man genauso um die Ecke denken muss wie im Parelli-Programm:

## 90 Prozent umsonst und das Kernstück kostet Geld - eine ganz andere Werbestrategie [7].

---

7 http://www.affenblog.de/bikini-prinzip/

## Um die Ecke denken!

Wenn man also so richtig um die Ecke denkt und die Frage "*Schaden Nicht-Instruktoren dem Programm, wenn sie Inhalte davon in den eigenen Unterricht integrieren unter Nennung der geschützten Begriffe*" beleuchtet, könnte man wohl auch zu der Überzeugung gelangen, dass nicht-lizensierte NHS-Trainer dem Programm sogar nützen könnten und zwar immer dann, wenn gesagt wird, woher das Wissen kommt und das man bei einem Instruktor noch viel, viel mehr lernen kann. In diesem Fall machen die Nicht-Instruktoren nämlich neugierig auf die 10, 20, 30 Prozent, die es wirklich nur beim Parelli-Instruktor gibt und ich für meinen Teil habe schon einige Kunden **guten Herzens an Instruktoren "verloren"** oder in meinen diversen Facebook-Gruppen Kommentare à la "Ich-fand-Parelli-ja-bis-jetzt-doof-aber-ich-werde-mich-jetzt-doch-mal-damit-beschäftigen" erhalten.

QUELLEN (*Bei den ersten beiden Quellen weit nach unten scrollen*):

- **Liste der von Parelli geschützten Begriffe & Namen**: http://www.parelli.com/intellectual-property-notice.html

- **Wie das Urheberrecht durch das Zitatrecht eingeschränkt wird**: https://de.wikipedia.org/wiki/Urheberrecht_(Deutschland)

- **System „Verstärkung" bei Parelli**: http://parellispirit.blogspot.de/2014/01/parelli-instruktoren-weiterbildung-in.html

- zu **Honza Blaha**: https://nhs-littlecookie.jimdo.com/denkzettel/honza-bl%C3%A1ha/

Bei den Links wird auf den Inhalt bei Drucklegung Bezug genommen – für spätere Änderungen wird keine Gewährleistung übernommen.

WER BILLIG KAUFT, KAUFT ZWEIMAL

# Warum eine gute Ausrüstung im Natural Horsemanship so wichtig ist

Wenn wir einen Sattel kaufen, wollen wir nicht am falschen Ende sparen, denn es geht ja um ein Lebewesen, das keinen Schaden nehmen soll. Auch wenn am Natural Horsemanship oft kritisiert wird, dass das Equipment nicht gerade billig ist, gilt auch hier meist der Grundsatz: *„Wer billig kauft, kauft zweimal."* Man sollte nicht am falschen Ende sparen, da Qualität einfach seinen Preis hat. Wenn unsere schlechte Ausrüstung zu scharf oder auch zu lasch ist, vielleicht sogar unser Timing verschlechtert, wird auch das Pferd langsamer lernen und man braucht ggf. viel mehr Unterricht, was unterm Strich teurer wird. Im folgenden Artikel erkläre ich anhand der wichtigsten NHS-Ausrüstungsgegenstände, worauf es bei einer qualitativen Ausrüstung ankommt und versuche die jeweiligen Qualitätsmerkmale herauszustellen.

Der **Stick** (Foto S. 38) sollte gut in der Hand liegen und darf nicht federn, wie es Gerten tun. Eine Gerte ist nicht zu empfehlen, denn diese schwingt nach und wenn man das Pferd damit trifft, ist die Einwirkung peitschend und damit schmerzhaft. Das zerstört Vertrauen. Da der Stick aber nicht nach schwingt, weil er starr ist, kann man mehr Energie aufbringen. Im Endeffekt geht es beim Erlernen der Pferdesprache nicht nur um eine Körpersprache, sondern auch um die so genannte energetische Sprache mit der sich Tiere verständigen. Auch der String sollte von guter Qualität sein, denn wenn er nur zäh unsere Handbewegungen umsetzt, wirkt sich das auf die Kommunikation mit dem Pferd aus. Denn es gilt der Grundsatz:

*Timing ist nicht etwas, Timing ist alles.*

---

*Die Playlist zur NHS-Ausrüstung, Knoten, Trensen & mehr:*
*https://www.youtube.com/playlist?list=PLR4Cvt5LYbiTGpTEUxxv9M-KuxDNVGcFFJ*

# Seile ...

... aus Yachtleine mit **Drehkarabiner** (Foto S. 21) aus Messing sind zu empfehlen. Diese sind schwer genug, dass sie nicht nachschwingen, wenn man ins Neutral geht. Dadurch wird das Timing deutlich verbessert. Auch wenn ich einmal am Seil schütteln muss, kann ich mir mit dem Drehkarabiner mehr Respekt verschaffen, um dann beim weiter ausgebildeten Pferd mit viel weniger Hilfen auszukommen. Wählen Sie Ihr Werkzeug so, dass Sie sich im Notfall durchsetzen können. Der Wechsel von Komfort (Neutral) und Diskomfort (Einwirkung / Druck) mit möglichst gutem Timing führt am Ende zum Erfolg.

Das **Knotenhalfter** (Foto S. 27) sollte ebenfalls von guter Qualität sein. Es wirkt schärfer als ein Stallhalfter, was einfach nur über die Nase des Pferdes hin und her rutscht und kaum geeignet ist, um sich Respekt zu verschaffen. Billige Knotenhalfter sind wiederum häufig recht steif und geben kaum nach, so dass sie das Timing verschlechtern und im Ernstfall auch (ähnlich wie die Gerte) Schmerzen erzeugen. Gewalt und Einschüchterung ist einfach nicht der Weg, den wir im Natural Horsemanship gehen wollen. Das Knotenhalfter sollte gut passen, damit es nicht unbeabsichtigt auf die empfindlichen Nerven drückt, die über der Nase des Pferdes verlaufen. Gute Halfter sind von der Konstruktion sehr gut durchdacht und die Knoten liegen auf gut durchdachten Punkten auf, was letztendlich die Einwirkung dann auch zu minimieren hilft.

Das **Lasso** ist nur für fortgeschrittene Schüler sowie weit ausgebildete Pferde geeignet. Da es zwölf Meter lang ist, kann das Pferd sich aber im Galopp einfach besser entfalten, wenn man z.B. den Galoppwechsel am Boden übt. Hier ist darauf zu achten, dass der Karabiner sich nicht verdreht. Das Lasso sollte man ebenfalls so lagern, dass es sich auch nicht in sich verdreht. Sollte dies doch einmal geschehen sein, kann es helfen, dieses stark zu spannen, um eine falsche Drehung wieder herauszuziehen.

Die **Featherlines** werden als Doppellonge oder zum Fahren vom Boden eingesetzt. Eine einzelne Featherline benutze ich aber auch gerne anstelle des 7-Meter-Seils, wenn ich ein Pferd habe, bei dem man nicht mehr um den Grundgehorsam kämpfen muss.

Wenn man sich als fortgeschrittener Schüler auf die Freiarbeit (bei Parelli Liberty genannt) vorbereitet, ist es ein guter Zwischenschritt statt eines Halfters nur noch den String wie einen Halsring um den Hals des Pferdes(Foto) zu binden und daran die dünne und leichtere Featherline zu befestigen.

Die **Natural Hackamore** hat die Knoten an einer bestimmten Stelle und auch die jeweiligen Knoten erfüllen bestimmte Funktionen. Also empfiehlt es sich ein Knotenhalfter für die Bodenarbeit zu haben und zum Reiten ein extra dafür angefertigtes Knotenhalfter. Zum Ausprobieren kann man das Bodenarbeitshalfter vielleicht auch einmal zum Reithalfter umknoten, das sollte aber keine Dauerlösung sein.

Das **Gebiss**: Im Natural Horsemanship werden Gebisse empfohlen, die Zungenfreiheit haben, z.B. ein Myler Bit. Unsere Fancy (Foto) fühlt sich auch mit einem Correction Bit wohler als mit einem Snaffle (Wassertrense), das oft sehr unruhig im Maul liegt. Jeder kennt ja den Spruch, dass man sich seine Sporen verdienen muss – Gleiches gilt für das Gebiss. Im Idealfall sollte der Reiter weder zum Anhalten noch zum Lenken Zügel benötigen, erst dann kann er das Gebiss dafür nutzen, wofür es gedacht ist: Zum Stellen und zum Biegen; eben um das Pferd zu gymnastizieren.

**Die Sporen:** Genau wie das Gebiss sollten die Sporen der Verfeinerung dienen. Sie sind weder zur Bestrafung gedacht noch dafür, dass das Pferd besser vorwärts geht. Dadurch, dass durch Sporen punktueller Druck statt diffuser großflächiger Druck ausgeübt wird, ist er fürs Pferd leichter verständlich. Im Idealfall dienen Sporen dem sehr fortgeschrittenen Reiter dazu, dem Pferd zu helfen, den Rücken aufzuwölben und seine Bauchmuskeln zum Tragen des Reitergewichts effektiver einzusetzen.

**Fazit:** Ich sollte bei jedem Werkzeug darauf achten, dass ich einerseits effektiv sein und z.B. den nötigen Sicherheitsabstand auch einhalten kann. Andererseits ist es aber auch wichtig, dass mein Werkzeug geeignet ist, dem Pferd ein Neutral zu geben, bei dem nichts stört. Denn davon lebt das Natural Horsemanship: Pferde, die ihren Job gut machen, werden durch nichts gestört, auch nicht von der Ausrüstung. Wichtig ist es auch, sich selbst nicht zu überschätzen, weil ein Teil der Ausrüstung in der Tat nur für fortgeschrittene Reiter und „fertige" Pferde geeignet ist. Aus meiner persönlichen Erfahrung heraus kann ich folgende Hersteller / Shops empfehlen: Lucky Riders, Seilerei Brockamp und Parelli. Vor allem Parelli ist ein Garant für gute Qualität, allerdings können dort durch den Import sehr hohe Kosten entstehen. Mein Tipp: Auf Reitsportmessen gibt es häufig Händler. Es gibt sicher noch viele weitere Hersteller, die eine gute Qualität liefern, die mir dann wohl nicht bekannt sind.

**LITERATURVERZEICHNIS:**

- Parelli, Pat (mit Kathy Kadash): **Natural Horse-Man-Ship**, Kierdorf-Verlag, Köln, 1. Aufl. 1995
- Parelli, Pat (mit Kathy Swan): **Raise Your Hand if You Love Horses**, Western Horseman's Magazine, Colorado Springs, 2. Aufl., 2006
- **siehe auch Links:** www.parelli.com & deutschsprachig: www.parelli-instruktoren.com bzw. zur **Hügeltherapie:** http://zambail.com/huegeltherapie/

*Bei den Links wird auf den Inhalt bei Drucklegung Bezug genommen* – für spätere Änderungen kann keine Gewährleistung übernommen werden.

# MEHR BÜCHER VON NICOLA STEINER:

## Der zweite 12-Oaks-Sammelband:
## Westernreiten zwischen Witz und Wissenschaft

Ob zum Thema „Wann einreiten?" oder „Wohin gehört der Pferdekopf": Nicola Steiner macht sich auf die akribische Suche nach Experten im jeweiligen Fachgebiet und stellt manche Tradition dabei auf den Kopf. Der Autorin gelingt es, selbst Doktorarbeiten in verständliche Worte zu fassen, wodurch die Wissenschaft rund ums Pferd zum Abenteuer wird. In diesem Sammelband erscheinen die Artikel der Autorin, die nicht das Natural Horsemanship thematisieren sowie amüsante Glossen zum Westernreiten und zum Pferd schlechthin, z.B. unter den Titeln „*Westernbasics im Gelände*" und „*Reining meets Natural Horsemanship*", in der die erste Begegnung der Autorin mit Reining-Trainer Elias Ernst augenzwinkernd aufs Korn genommen wird. Außerdem gibt es einen Best-of-Turnierblog mit Witzigem & Spritzigem sowie im Anhang Presseartikel über die Tochter der Autorin, die mit (nur) einem Pony Vize-Landesmeisterin in der Reining wurde und sich zwei Jahre in Folge für die deutschen Meisterschaften im Westernreiten qualifiziert hat (ihre Disziplinen waren: Superhorse, Reining, Westernriding).

*Kein Glück bei der German Open in Kreuth: 2015 um nur einen Platz das Finale verfehlt*

# Westernreiten meets Natural Horsemanship -

wie das Turnier zum gemeinsamen Projekt von Pferd & Mensch wird

**mit Trainingstipps von Elias Ernst und Thomas Günther**

Wir alle wissen meist ziemlich gut, wie wir unsere Pferde körperlich trainieren. Wir vergessen nur allzu schnell, dass unsere Pferde denkende Wesen sind, die in der Lage sind, selbstständig gestellte Aufgaben zu erledigen. Deswegen sollte unser Augenmerk auch auf den emotionalen und mentalen Belangen unserer Pferde liegen. Die Autorin zeigt Wege auf, wie das Turnier zum gemeinsamen Projekt von Pferd und Mensch wird, in dem das Pferd genauso viel Ehrgeiz und Energie ins gemeinsame Ziel „Turniererfolg" investiert wie der Mensch.

Das Buch gibt Anleitungen, wie Sie die Athletik Ihres Pferdes verbessern, während das Pferd das Training als Spiel empfindet. Viele Manöver können wir bereits dem jungen Pferd am Boden erklären und das Gelernte dann später in den Sattel übertragen. Aber auch fürs erwachsene Pferd lohnt sich der Blick über den Tellerrand, denn selbst wenn das Pferd schon vieles kann, so kann der Mensch auf jeden Fall seine Begeisterung

durch Natural Horsemanship steigern und dem Pferd auch das Gefühl vermitteln, dass es etwas zurück erhält.

Die vorgestellten Strategien werden durch Fotoserien illustriert; in den **Fußnoten** finden Sie **Links zu kostenlosen Lehrvideos** der Autorin auf Youtube (*Drei Kanäle mit Namen 12-Oaks-TV – Infos auf S. 96*).

# Pferde vermenschlichen, aber richtig
## – wie Sie sich besser in Ihr Pferd einfühlen

Wir alle lieben unsere Pferde und wollen das Beste für sie, aber manchmal merken wir gar nicht, wie sehr wir uns wie Nervensägen oder Dauernörgler dem Pferd gegenüber präsentieren. Genauso schnell ist es passiert, dass wir - den Pferderücken gerade erst erklommen - unsere Pferde nicht reiten, sondern so bedienen als wären sie Motorräder: Gas geben, Bremsen, Lenken. Pferde sind jedoch intelligente Lebewesen, die wenn man ihre Begeisterung weckt, alleine Jobs erledigen. Dieses unterhaltsame Buch gibt Anleitungen, wie Sie in die Haut Ihres Pferdes schlüpfen können, um dann festzustellen: Sie fühlen genauso wie wir. Den erhobenen Zeigefinger werden Sie jedoch weniger finden, denn das Buch versucht vielmehr kleine Geschichten zu erzählen, die Ihr Verhältnis zu Ihrem Pferd nachhaltig verändern werden.

# Die Lüge vom Sozialstaat - eine Satire
## Warum es in Deutschland immer noch die Todesstrafe gibt

Die Journalistin Nicola Steiner rutscht nach der Trennung von ihrem Mann in Hartz-IV, weil sie weder vom Kindesvater noch vom Jugendamt Unterhalt für ihre beiden Kinder erhält. Da sie keinen Job findet, versucht sie sich mit einer selbstständigen Tätigkeit an den eigenen Haaren aus dem Sumpf zu ziehen. Aber sie erkrankt erst schwer und als sie gerade erst gesundet ist, gerät sie durch einen Verkehrsunfall erneut in Arbeitsunfähigkeit. Genau zu diesem Zeitpunkt stellt das Jobcenter unter einem Vorwand sämtliche Leistungen ein und ein erbitterter Kampf ums Überleben beginnt. Es ging schief, was schief gehen konnte und endete mit einem Quasi-Todesurteil. Mit viel Wortwitz und Humor hat die Autorin nun eine Satire geschrieben, die zwar auf Tatsachen beruht, sich aber liest wie ein Krimi.

**Die Autorin** hat das Handwerk der Redakteurin gelernt. Trotz langjähriger Tätigkeit im Hörfunk ist das Schreiben ihre Leidenschaft. Besuchen Sie ihre Website, lesen ihre Blogs und besuchen ihre Youtube-Kanäle:

- 12oaks-ranch.blogspot.de und den Turnierblog
- steiner-horsemanship.blogspot.de
- 12oaksTV: Turnierkanal, Zirkus- & Vlog-Kanal & der Hauptkanal: Nicola Steiner Horsemanship

WWW.12OAKS-RANCH.DE

*Nicola Steiner wurde 1965 in Hückeswagen geboren und lebt mit ihren beiden erwachsenen Kindern im Bergischen Land bei Köln. Sie arbeitet als Natural Horsemanship-Trainerin und hilft ihren Kunden dabei, das eigene Pferd besser zu verstehen und eine Beziehung zu ihm aufzubauen. Außerdem reitet sie Turniere im Westernreiten und versucht eine Brücke zwischen dem Turniersport und dem Natural Horsemanship zu schlagen. Trotz langjähriger freier Mitarbeit im Hörfunk ist das Schreiben und das Geschichten erzählen ihre Leidenschaft. Daher wundert es nicht, dass sie in ihrer Freizeit gleich zwei erfolgreiche Blogs ins Leben gerufen hat. Im Turnierblog erzählt sie während der Turniersaison Turnierkrimis über ihre Tochter Larissa. Die 18jährige war zwei Jahre in Folge Beste ihrer Leistungsklasse (LK 1) im Rheinland, mehrfach Disziplinensiegerin in der Reining, im Trail, der Westernriding und der Superhorse sowie sieben Mal Allroundchampion. Die Presse hat mehrfach darüber berichtet, dass sie mit „Nur-einem-Pony" für die deutsche Meisterschaft qualifiziert war. Nicola Steiners Horsemanship-Blog bietet hingegen Themenmonate zu allem, was Pferde angeht oder auch was Menschen dabei hilft, nicht nur natürlicher mit Pferden umzugehen, sondern auch natürlicher zu leben.*